W0041530

QCT

Quantum Consciousness Transformation

Andrew Blake

QCT

Quantum Consciousness Transformation

Das Praxisbuch der Zwei-Punkt-Methode zur
Quantenheilung durch Bewusstseinstransformation

HANS-NIETSCH-VERLAG

Die in diesem Buch vorgestellten Methoden und Informationen wurden vom Autor sorgfältig recherchiert. Sie ersetzen nicht den Besuch bei einem Arzt oder Heilpraktiker. Autor und Verlag übernehmen keine Haftung für Ansprüche, die in Zusammenhang mit der Anwendung der Methode geltend gemacht werden.

© Hans-Nietsch-Verlag 2010
Alle Rechte vorbehalten.
Nachdruck, auch auszugsweise, nur mit ausdrücklicher Genehmigung des Verlages gestattet.

Lektorat: Dagmar Schneider-Damm
Korrektorat: Anja Fietz
Umschlaggestaltung: Rosi Weiss
Innenlayout und Satz: Hans-Jürgen Maurer

Hans-Nietsch-Verlag
Am Himmelreich 7
79312 Emmendingen

www.nietsch.de
info@nietsch.de

ISBN 978-3-939570-96-7

Inhalt

Teil 1
Die Philosophie von QCT

Teil 2
QCT und die Zwei-Punkt-Methode

PRAKTISCHE ANLEITUNG

Teil 3
Die Umsetzung im Alltag

Teil 4
Eine Anleitung zur persönlichen Freiheit

Vorwort

Liebe Leserin, lieber Leser,

im Mai 2009 begegnete mir eine uralte Methode in neuem Gewand, genannt die Zwei-Punkt-Methode. Es war Liebe auf den ersten Blick oder vielmehr Punkt. Ich spürte sofort das enorme Potenzial dieser kinderleichten Methode und ohne viel nachzudenken, ließ ich mich voller Begeisterung auf die Sache ein. Da ich seit 23 Jahren fokussiert meinen spirituellen und persönlichen Entwicklungsweg verfolge und seit 15 Jahren auch Seminare auf diesem Gebiet gebe, lag es für mich auf der Hand, die Zwei-Punkt-Methode selbst in Seminaren weiterzugeben.

Eine Woche nachdem ich die Zwei-Punkt-Methode bei Uli Kieslich in Stuttgart erlernt hatte, bot ich mein erstes Seminar in Österreich an. Es kamen 14 Interessierte zum kostenlosen Infoabend. Zwölf von ihnen nahmen daraufhin am nächsten Tag spontan am Seminar teil. Aus diesem kleinen Nukleus entwickelte sich in den nächsten Wochen und Monaten eine Seminarreihe, die mich von Wien, über München und Frankfurt bis nach Hamburg führte. Jeden Monat wiederholte ich diese Tour und baute die Seminare stetig aus, sodass eine Reihe von QCT-I- bis QCT-III-Seminaren entstand. Nach sechs Monaten hatten bereits über 1.200 Menschen meine Seminare besucht und das zu 85 Prozent aufgrund der Mund-zu-Mund-Werbung. In der zweiten Seminarreihe, die dann auch ein QCT–IV-Seminar enthielt, kamen über 2000 Teilnehmer. Aus den QCT-I- bis QCT III-Seminaren wurde das QCT Intensiv Seminar, während das QCT-IV-Seminar die Basis für das QCT-Retreat und weiterführende Ebenen bildete.

Die Zwei-Punkt-Methode und das mit ihr verbundene Phänomen der Transformationswelle haben mich tief berührt und verändert. In diesen zwölf Monaten mit der Zwei-Punkt-Methode hat sich in mir und meinem Leben mehr transformiert und erfreulich Neues integriert als in den letzten zehn Jahren zusammen.

Auf den folgenden Seiten möchte ich Ihnen zeigen, wie einfach es sein kann, ein Leben in innerem Frieden, kreativer Lebensfreude und grenzenloser Fülle zu führen. Mein Ziel ist, dass Sie völlig selbstbestimmt darin sind, Ihr persönliches Potenzial zu aktivieren und zu leben – unabhängig von Lehrern und Therapeuten.

Mit herzlichen Grüßen
Andrew Blake

Einleitung

Dieses Buch führt Sie ein in die Welt von QCT – Quantum Consciousness Transformation (Deutsch: Quanten Bewusstseins Transformation).

QCT hat bereits Tausenden von Seminarteilnehmern geholfen, ihr Leben in die richtigen Bahnen zu lenken. QCT wirkt über drei Säulen:

o einer praktischen Philosophie
o einer effektiven Transformationsmethode
o einer Anleitung zur Umsetzung im Alltag

Dieses Buch soll hauptsächlich die Zwei-Punkt-Methode und ihre Integration in den Alltag vermitteln. Die vorgestellte Philosophie oder Weltsicht ermöglicht in Verbindung mit der Zwei-Punkt-Methode ein enorm schnelles und tiefgreifendes persönliches Wachstum. Dieser Philosophie muss man nicht glauben, aber wenn man sie wenigstens als Hypothese annimmt und damit experimentiert, wird man feststellen, dass die Resultate eine wesentlich tiefere Wirkung zeigen.

Da diese Methode eines der effektivsten Werkzeuge unserer Zeit zur Transformation von Energieblockaden ist, kann das Erlernen und Anwenden zu einer völligen Neugestaltung Ihres Lebens führen.

Der erste Teil des Buches führt Sie in die Philosophie von QCT ein und macht anhand der Fallbeispiele das riesige Potenzial dieser Arbeitsweise deutlich.

Im zweiten Teil wird die Methode vorgestellt und die praktische Anwendung erklärt. Wer alle drei QCT-Seminare besucht hat, kann diesen Teil überspringen.

Der dritte Teil befasst sich mit der Integration in den Alltag. Durch die nachvollziehbaren Fallbeispiele, die Fra-

gen und Antworten aus der Praxis sowie ein klar struktu-
riertes und leicht umsetzbares 30-Tage-Integrationspro-
gramm inklusive einer Meditations-CD können Sie dann,
wie Tausende vor Ihnen, starke Veränderungen in Ihrem
Leben bewirken.

Danach liegt es bei Ihnen. Setzen Sie dieses Werkzeug
QCT ein, so wird es Ihr Leben direkt umwandeln und zwar
in dem Maße, wie viel Sie sich einbringen.

QCT ist eine Lebensphilosophie mit einem sehr praktischen Kern, der Zwei-Punkt-Methode, die auf ganz prag-
matische Art und Weise eine Transformation des Bewusstseins anstößt und dadurch die Persönlichkeitsentwicklung
und innere Freiheit des Anwenders fördert.

Bei QCT arbeiten wir auf der Ebene, wo wir die Zeit-
gleichheit von Gegenwart und Zukunft erkennen; wir
wählen eine bestimmte mögliche Zukunft aus und verbinden sie dann über die Zwei-Punkt-Methode mit dem, was
wir als Gegenwart erleben.

Gehen Sie mit mir auf eine kleine imaginäre Reise, um
herauszufinden, was das für unser Leben bedeuten kann:

Stellen Sie sich vor, Ihr Leben wäre eine Fahrt in
einem Heißluftballon. Zu Beginn Ihrer Tour hat der Ballon sehr viel Ballast durch die Sandsäcke, die an ihm
hängen. Dieser Ballast sind negative Emotionen, begrenzende Glaubenssätze, unverarbeitete Erfahrungen aus
der Vergangenheit und so weiter. Durch dieses Gewicht
bleiben Sie auf Ihrer Reise zunächst einmal ziemlich nah
am Erdboden. Das ist einerseits ganz angenehm, weil
Ihnen die Umgebung halbwegs vertraut ist und Sie auch
nicht so tief fallen können, wenn etwas passiert. Aber andererseits lauern hier auch viele Gefahren wie Bäume,
Strommasten, plötzliche Windböen und Unwetter, außerdem zeigt sich die Sonne nur dann, wenn sich die Wolkendecke auftut.

Zu Beginn Ihrer Reise ist Ihnen nicht bewusst, dass

Sie all diese Sandsäcke mitschleppen, die Ihnen das Aufsteigen verwehren. Ja, Ihnen ist noch nicht einmal bewusst, dass Sie aufsteigen wollen und über den Wolken die Sonne immer scheint und die Winde sanfter wehen. Dort oben hat man einen hervorragenden Weitblick, kann bis zum Horizont, das Ziel der Reise, schauen und muss sich nicht mehr mit lästigen Hindernissen wie Bäumen oder Regenschauern herumschlagen.

Wenn Ihnen bewusst wird, dass Sie bis über die Wolken aufsteigen und den Sinn Ihrer Reise erkennen wollen, dann stellen Sie fest, dass der Wunsch allein nicht ausreicht, denn diese Sandsäcke halten Sie zurück. Nun beginnen Sie nach Mitteln und Wegen zu suchen, diesen Ballast abzuschütteln. Zuerst einmal wundern Sie sich vielleicht, wo er überhaupt herkommt, und verbringen einige Zeit damit, dies zu ergründen. Nach einer Weile stellen Sie fest, dass davon die Sandsäcke auch nicht leichter werden, also fangen Sie an, diese zu öffnen und den Sand mit den Händen herauszuschaufeln. Dadurch verliert der Ballon zwar an Gewicht, aber es ist ein langsamer und mühevoller Vorgang.

Schließlich dämmert es Ihnen: Es interessiert Sie gar nicht mehr sonderlich, woher die Säcke kommen und wie viel Sand darin ist. In erster Linie wollen Sie die Dinger loswerden, um Ihr Ziel zu erreichen, nämlich im Sonnenschein über den Wolken dem wahren Ziel Ihrer Reise entgegenzusteuern. Deshalb durchsuchen Sie den Ballonkorb nach einem Werkzeug, mit dem Sie die Seile, an denen die Sandsäcke hängen, durchtrennen können.

Sie entdecken ein schönes scharfes Messer (das ist die Zwei-Punkt-Methode), mit dem sich die Seile leicht kappen lassen. Nun gewinnen Sie mit jedem Sandsack ein wenig an Höhe. Anfangs sind es nur ein paar Meter, da ein gelöster Sandsack im Vergleich zu den vielen, die noch schwer am Ballon hängen, nicht viel Unterschied macht.

Aber wenn Sie unbeirrt einen nach dem anderen abschneiden, kann der Ballon nicht anders, als immer höher zu steigen.

Anfangs verläuft die Reise wohl eher ruckartig, da Sie ungleichmäßig das Gewicht verändern, jähe Winde aufkommen und es feuchtkalt wird, als Sie durch die Wolkendecke stoßen. Aber Sie machen weiter, denn Ihnen ist klar geworden, dass es nur über den Wolken besser werden kann. Außerdem stellen Sie fest, dass der Ballonverkehr mit steigender Höhe abnimmt und weniger Zusammenstöße drohen. Außerdem sind die anderen Ballonfahrer freundlicher und hilfsbereiter als die meisten unten im Gedränge.

Wenn Sie eine gewisse Höhe erreicht haben, fallen Anspannung und Angst ab, die durch den dichten und gefährlichen Flugverkehr in den erdnahen Bahnen entstehen; Sie haben erkannt, dass gegenseitige Unterstützung allen mehr bringt als das übliche Konkurrenzdenken. Wenn es in diesen höheren Gefilden manchmal zu einem sanften Zusammenstoß kommt, hilft man dem anderen, indem man einen der Sandsäcke abschneidet und er so weiter aufsteigen kann, anstatt untereinander zu streiten. Außerdem ist die Wolkendecke dünner hier oben und die Sonne zeigt sich öfter, was die Stimmung hebt und als Ansporn dient, weitere Sandsäcke zu lösen.

Irgendwann ist es dann so weit, man bricht endgültig durch die Wolkendecke und ist so leicht geworden, dass man auch nicht mehr zurückfallen kann. Hier oben herrschen ganz andere Verhältnisse. Die Winde sind gleichmäßig und geben Auftrieb. Im Großen und Ganzen lässt sich der Verlauf der Reise überblicken, man genießt eine herrliche Weitsicht mit strahlendem Sonnenschein und kann mit den wenigen anderen, die hier oben unterwegs sind, richtig Spaß haben.

Außerdem hat man einen guten Überblick und kann

denjenigen, die noch nicht so hoch gestiegen sind, Tipps geben, wie sie am besten ihren Ballast loswerden. Wenn Sie auf dieser Ebene einen der wenigen Sandsäcke, die noch verblieben sind, abschneiden, ist das prozentual gesehen ein großer Unterschied und die Luft ist noch dazu dünner, also steigen Sie sehr viel höher als zuvor. So legen Sie den Rest Ihrer Reise ins Licht immer müheloser und freudvoller zurück, bis Sie eines Tages feststellen, dass Sie absolut schwerelos in der Stratosphäre schweben und gar keinen Ballon mehr brauchen, weil Sie nichts mehr an die Erde bindet. Sie sind frei!

Diese Metapher verdeutlicht, worum es bei QCT geht, nämlich um die Transformation von Bewusstsein auf der Quantenebene. Der Begriff „Quanten" wird hier umgangssprachlich und streng physikalisch gesehen unzutreffend benutzt, dennoch hat er sich mittlerweile durchgesetzt.

Die Bezeichnung „Quanten" wird allgemein für Elementarteilchen (das sind nicht mehr weiter teilbare Teilchen) benutzt. Die Erkenntnis, dass jede Materie nicht nur Teilcheneigenschaft besitzt, sondern auch als Welle beschrieben werden kann, ist eine der wichtigsten Errungenschaften der modernen Physik. Sie bestätigt, was die Mystiker des Ostens schon seit Jahrtausenden sagen: Wir leben in einer energetischen Welt, die in permanentem Wandel begriffen ist.

Im allgemeinen Sprachgebrauch versteht man unter einer Veränderung auf Quantenebene eine minimale Veränderung auf ganz feinstofflichen Ebenen, die eine große Wirkung mit sich bringt. Deshalb auch der Begriff „Quantensprung". Obwohl der Sprung bei der Veränderung auf Quantenebene ungeheuer klein ist, kann er letztendlich im System eine große Wirkung nach sich ziehen. Übertragen auf unser menschliches Erleben bei QCT heißt das: Diese „kleine Sache", genannt Zwei-Punkt-Methode, kann enorme Veränderungen hervorrufen.

Ich gehe später noch wesentlich näher auf das Bewusstsein ein, aber eingangs sei zunächst erwähnt, dass Bewusstsein und Energie direkt miteinander verbunden sind und wir uns innerhalb dieses energetischen Universums immer auf relativen Bewusstseinsebenen bewegen. Das ist wie bei der Ballon-Metapher, in der wir auf unterschiedlichen Flughöhen unterwegs sind. Wenn Sie also mit der Zwei-Punkt-Methode Ihr derzeitiges Schwingungsniveau anheben, indem Sie negative Energien auflösen, erhöhen Sie zugleich das Niveau Ihres Bewusstseins.

Diesen Vorgang bezeichne ich als Transformation, da wir Energie vom Zustand des Teilchens (= Blockade) in den Zustand der Welle (= Energiefluss) überführen. Wir transformieren, das heißt, verwandeln die Erscheinungsform.

Das Schöne an der Zwei-Punkt-Methode ist, dass Sie all diese wissenschaftlichen Denkansätze nicht verstehen *müssen*. Sie brauchen nicht einmal in diese Richtung zu denken. Die Methode an sich ist so simpel und leicht verständlich, dass sie ein sechsjähriges Kind anwenden kann.

Von daher lade ich Sie, liebe Leserin und lieber Leser ein, die Philosophie kennen zu lernen, sich das herauszuziehen, was für Sie stimmig ist und Ihnen weiterhilft. Den Rest lassen Sie einfach außen vor. Bei QCT geht es nicht darum, sich eine weitere Theorie anzueignen, sondern durch praktische Anwendung der Methode konkrete Veränderungen in Ihr Leben zu bringen.

In diesem Sinne wünsche ich Ihnen viel Erfolg und Freude bei der Umsetzung von QCT!

Teil 1

Die Philosophie von QCT

Was ist Realität?

Warum und wie sind wir auf diese Welt gekommen und wohin führt uns das? Diese Fragen beschäftigten mich schon in der Kindheit und Jugend. Als Teenager führte ich später endlose Diskussionen mit Freunden, die strenggläubige Christen waren. Ihr Argument lautete immer, dass Gott uns einen freien Willen gegeben habe, damit wir zwischen ihm und dem Teufel wählen und uns nur so als würdig erweisen könnten. Mir erschien das immer unlogisch. Wenn Gott allweise, allgütig und allliebend wäre, wieso sollte er dann erst seine Kinder in die Falle der Versuchung locken und sie dann in eine keineswegs paradiesische Welt verbannen? Warum sollte er diese unvollkommene Welt überhaupt erst erfinden? Damals zog ich also den für mich logischen Schluss, dass Gott eben nicht existierte. Denn ein liebender Gott würde so eine Welt nicht erschaffen, und wenn es ihn doch gäbe und er tatsächlich diesen verrückten Planeten und vielleicht noch viel verrücktere dort draußen im Universum erschaffen hätte, dann könnte ich gut und gern auf ihn verzichten.

So durchwanderte ich einige Jahre lang die Täler des Atheismus und Nihilismus, wälzte die Werke von vermeintlich großen Denkern wie Nietzsche, Kant, Hegel, Schopenhauer und vielen anderen. Das befriedigte durchaus meinen Verstand, aber Geist und Herz kamen weniger auf ihre Kosten. Schließlich landete ich beim Buddhismus, der mir zunächst eine plausible Lösung lieferte. Gott existiere nicht, sondern nur reines Bewusstsein; und dies könne man erreichen, wenn man sich genug Mühe gäbe. Also meditierte ich, legte das Bodhisattva-Gelübde ab, „trug mein Karma ab" und so weiter. Bis ich schließlich auch hier an meine Grenzen stieß und vor allem wieder mit dem Phänomen organisierter Religion konfrontiert wurde.

So zog ich weiter und entdeckte die gerade boomende New-Age-Szene Nordamerikas. Was es da nicht alles gab: Reiki, Mer-Ka-Ba-Meditation, Tantra, Stargate-Seminare, Channelings von allen Meistern und Engeln dieses Universums, mit Kristallen und Bäumen reden, Indianer-Rituale, NLP, und vieles mehr. An diesem schier endlosen Buffet der spirituellen Erfahrungen habe ich mich die ganzen neunziger Jahre über gelabt.

Aber siehe da, nach über 13 Jahren rastlosen Jagens nach sofortiger Erleuchtung, die immer nur hinter der nächsten Ecke wartete, soll heißen: noch ein Seminar, noch eine neue Technik, noch ein Satsang (Begegnung mit einem spirituellen Lehrer), dann, ja dann ... fühlte ich mich nicht wirklich freier und vor allem mein Alltagsleben funktionierte nicht, das heißt, kein Geld, herausfordernde Beziehungen und die Last, eine neu gegründete Familie zu ernähren.

So begann eine Phase der Erdung. Ich musste lernen, dass meine spirituellen Einsichten und Weisheiten nur dann einen Wert besaßen, wenn ich sie auch im Alltag umsetzen konnte. So lernte ich, eine Brücke zu schlagen zwischen Marketing und Vertrieb, der Welt von Geld und Erfolg sowie meinen inneren Werten und energetischen Grundsätzen. Das war nicht einfach und dauerte einige Jahre, aber schön langsam mit vielen Höhen und Tiefen erklomm ich die Stufen und entfaltete meine Lebensbestimmung.

Ein sehr entscheidender Entwicklungsschritt trat schließlich im Jahr 2005 ein, und zwar in Form eines Buches mit dem Titel „Die Illusion des Universums" von Gary Renard. Dort las ich zum ersten Mal in meinem Leben eine Geschichte über die Entstehung des Universums und der Menschheit, über Gott und den Sinn unseres Daseins, die einen Sinn ergab, die wirklich logisch war. Ich möchte an dieser Stelle eine kurze Version in eigenen Worten wiedergeben, da sie die philosophische Grundlage für meine weiteren Ausführungen bildet. Wem die Langversion lieber ist, dem sei Gary Renards Buch von Herzen empfohlen.

Das energetische Universum

Angefangen hat das Ganze in der Einheit, der Quelle, Gott, Brahman, Nirwana, dem großen Geist oder wie auch immer wir es nennen wollen. In der Einheit gibt es nur einen Seinszustand und das ist Liebe. Diese Liebe dehnt sich grenzenlos in alle Richtungen für alle Ewigkeit aus (wobei es dort weder Raum noch Zeit gibt).

In diesem reinen Geist tauchte irgendwann eine unschuldige Frage auf, die ungefähr so lautete: „Was wäre, wenn ich etwas ohne die Einheit erschaffen könnte?" Und auf die naive Frage folgte die logische Antwort: „Dann wären wir getrennt vom Rest der Schöpfung." Mit dieser Frage katapultierte sich ein winziger Teil des Geistes scheinbar aus der Einheit heraus. Ich betone „scheinbar", denn da alles eins ist, gibt es die Trennung nicht wirklich. So entstand ein Dialog zwischen dem Aspekt des Geistes, der die Frage gestellt, und der Frage, die sich selbst beantwortet hatte.

Diese verrückte Idee von der möglichen Trennung entwickelte eine Eigendynamik, ähnlich einem kleinen Computerprogramm, das man erst programmiert hat und dann auf Autopilot endlos weiterläuft. Dieses kleine Computerprogramm, diesen Virus, wollen wir „das Ego" nennen. Das ist nicht exakt dasselbe wie unser persönliches Ego, denn wir bewegen uns hier noch auf der abstrakten Geistebene. Aber es ist der Beginn unseres scheinbar individuellen Ego.

Das Ego besteht nicht wirklich, es ist nur eine Idee,

die von seiner Existenz ausgeht. Aber auch Wahnideen wollen leben und so begann eine Unterhaltung zwischen dem Ego und dem naiven Teil des Geistes, der die Frage ursprünglich gestellt hatte. Das Ego will immer seine scheinbare Existenz erhalten und der einzige Weg dazu ist, sich diesen Geistaspekt zum Verbündeten zu machen. Denn der Geist müsste hier nur einen Augenblick innehalten und erkennen, dass die Frage unsinnig ist. Wie kann es zwei geben, wie kann man getrennt von sich selbst sein, wenn es doch nur ein Sein gibt? Das ist unmöglich, aber man kann es sich einbilden und auf dieser Grundlage eine scheinbare Realität projizieren. Das ist genau das, was wir auf der Geistebene gemacht haben.

Nach diesem ersten Schritt in die Trennung versucht das Ego, uns an sich zu binden, um so sein Fortbestehen zu sichern. Der einfachste Weg besteht darin, dem naiven Geist Schuld einzureden. Also überzeugt das Ego uns, dass wir etwas Schreckliches getan haben. Wir haben uns von Gott abgewandt und sein Himmelreich verschmäht. Sobald er uns erwischt, würden wir dafür die denkbar fürchterlichste Strafe erhalten. Und so empfinden wir zum ersten Mal ein Gefühl, das es bis dahin nicht gab, nämlich Schuld. Schuld ist eine wunderbare Veranlassung etwas zu tun, was man gar nicht will. Dadurch sind wir manipulierbar und kontrollierbar. Sollten Sie mir nicht glauben, fragen Sie einmal bei der Katholischen Kirche nach, die kann es Ihnen bestätigen.

Jetzt fühlen wir uns so richtig schön schuldig und schon stellt sich ein weiteres neues Gefühl ein, das es in der Einheit nicht gibt: Angst – Angst vor der Strafe Gottes. Was tun kleine Kinder, wenn sie merken, dass sie einen Fehler gemacht haben und eine Strafe auf sie wartet? Sie bekommen Angst und rennen davon. Genau das tat der unschuldige Geist, der eine naive Frage gestellt hatte, auch. Er folgte dem scheinbar gut gemeinten Rat des Ego.

Das Ego schlug ihm Folgendes vor: „Sieh mal, es gibt einen Ort, wo Gott nie hinkommt, und was noch besser ist, du kannst an diesem Ort genauso mächtig sein wie Gott, vielleicht sogar noch mächtiger." Das, was sich daraus ergab, war das Konzept von „Angriff ist die beste Verteidigung". Warum warten, bis Gott einen erwischt und grausam bestraft, wenn man sein eigenes Reich erschaffen und eines schönen Tages so mächtig sein kann, dass man Gott vom Thron stürzt? Das klingt doch gar nicht so schlecht, vor allem wenn man vor Angst schlottert. Also verbündet sich der Geist mit dem Ego und die beiden werden scheinbar eins. Der Geist nutzt seine schöpferische Kraft, die ihm von Gott verliehen wurde, um sich grenzenlos auszudehnen und pervertiert sie, indem er Projektionen erschafft. Er projiziert seine Gedanken von Angriff, Angst, Schuld und vor allem, dass er getrennt (also geteilt) ist, nach außen. In diesem Augenblick entsteht das Universum. Die Wissenschaft nennt das den „Big Bang".

Projizierte Gedanken sind Energie. Sie tragen eine Schwingung oder Frequenz je nach Beschaffenheit des Gedankens. Wenn der Geist „Trennung" denkt, dann entstehen Energiemuster, die genau das widerspiegeln. Ein anderes Wort im Zusammenhang mit Trennung ist Differenzierung.

Das Universum beginnt mit dem Urknall und unvorstellbare Energiemengen verteilen sich in alle Richtungen. Bereits nach Millisekunden fängt die Energie an, sich zu differenzieren. Verschiedene Energiemuster ziehen sich an und stoßen sich ab, Verdichtungen entstehen. Irgendwann formen sich die ersten subatomaren Teilchen, die zu Atomen werden. Diese bilden Moleküle, aus Molekülen werden Sonnen, Sonnensysteme, Planeten, schließlich natürliches Leben und zum Schluss „die Krönung der Schöpfung": der Mensch. Wobei diese sogenannte Krönung nichts mit Gottes Schöpfung zu tun hat, sondern das Resultat von fehlgeleitetem Denken ist. Wenn man diese Geschichte zum ersten Mal hört, mag sie etwas ernüchternd klingen und sie könnte einen deprimieren. Aber dann hat man eben die gute Botschaft überhört. Diese ist, dass Gott mit dieser Illusion nichts zu tun hat; also existiert sie nicht. Alles, was wir tun sollten, ist, dies zu erkennen, und der Traum endet. Es ist mit dem Zustand vergleichbar, wenn man schläft und einen Alptraum hat. Im Traum erscheint alles völlig echt und wirkt Angst einflößend.

Trotzdem ist der Traum nicht real. Er endet in dem Augenblick, wenn man die Augen aufschlägt und realisiert, dass man immer noch im Bett liegt und nur geträumt hat. Genauso geht es uns in dem Augenblick, wenn wir unsere spirituellen Augen wieder öffnen und schauen. In dieser Schau erkennen wir, dass wir nie von der Quelle getrennt waren. Dass wir nach wie vor in der Einheit existieren, als reine Liebe, in vollkommenem Frieden, grenzenloser Freude und Fülle. Dann lachen wir über den Traum und vergessen ihn.

Das ist meiner Ansicht nach unsere einzig wahre Bestimmung im Leben: aufwachen. Alles andere, was wir tun – arbeiten, Kinder großziehen, ein besserer Liebhaber werden, Seminare und Festivals besuchen, Bücher lesen und so weiter –, ist nur ein Übungsfeld. Unser sogenanntes Leben ist nur der Spiegel, der uns jeden Augenblick zeigt, in welchen illusorischen Gedanken wir uns bewegen, diese nach außen projizieren und das Ganze dann als vermeintliche Realität erleben. Haben wir ängstliche Gedanken, erleben wir Angst machende Situationen. Senden wir Liebe aus, erleben wir Liebevolles.

Was will uns diese Geschichte im Wesentlichen sagen? Wir leben in einem energetischen Universum, das nicht wirklich existiert. Denn Energie ist der projizierte Gedanke von Trennung. Vor der scheinbaren Trennung haben wir uns als reiner Geist erlebt und im Gewahrsein von Frieden, Freude und Fülle unendlich ausgedehnt. Nach der unheilsamen Verbindung mit dem Ego haben wir unsere schöpferische Kraft pervertiert, indem wir unsere Gedanken von Trennung, Angst und so weiter nach außen projizierten, woraus die nötige Energie für die Entstehung und Aufrechterhaltung dieses Universums entstand.

Diesen ursprünglichen Mechanismus hält jeder auch heute noch für sich aufrecht. Wir erschaffen jeden Augenblick unserer Existenz, eine Scheinrealität, durch die Projektion von Gedanken in ein energetisches Universum, das als Projektionsfläche dient. Somit ist alles, was wir erleben, nur eine Widerspiegelung unserer unbewussten Projektionen. Wenn wir dieses Spiegelgesetz wirklich verstehen und anwenden, können wir diese Welt dazu nutzen, wofür sie wirklich da ist: als Sprungbrett zur Befreiung. Wenn wir die Bausteine unserer persönlichen Realität durchschauen und sie nacheinander abtragen, können wir uns Schritt für Schritt aus der Illusion befreien.

Unter Freiheit verstehe ich die Klarheit des Geistes, zwischen Illusion und Wirklichkeit unterscheiden und wählen zu können.

All unsere Glaubenssätze, nach denen wir heute unser Leben gestalten, beruhen auf diesen ursprünglichen Annahmen: dem Irrtum der Trennung und der daraus resultierenden Dualität, der Angst vor Bestrafung durch den Einen, dem Schuldgefühl aufgrund dieser ersten Sünde und der Selbstbestrafung als Flucht vor dem Einen. Auf diesen falschen Grundannahmen hat sich unser ganzes illusionäres Universum aufgebaut. Die Realität, die dahinter steckt, ist immer noch das Unwandelbare, immerwährende Eine, das nur aus vollkommener Liebe besteht. Und wir sind eins damit, auch wenn wir dies meistens ignorieren. Das ist die gute Botschaft. Wäre unsere Illusion von Trennung, Angst, Schuld und Bestrafung wahr, dann hätten wir wirklich ein Problem. So allerdings haben wir gar kein Problem, nur ein Hirngespinst, das es zu durchschauen gilt.

Das war ein kurzer Überblick, wie wir in die Situation geraten sind, in der wir uns zu befinden scheinen. Es kommt jetzt darauf an zu verstehen, dass es in diesem Traum so aussieht, als ob wir alle ganz individuelle Dramen erleben würden. In Wahrheit leben wir aber alle nur unsere persönliche Variante des Kollektivdramas aus. Das kollektive Drama, dem wir uns alle, wie wir hier sind, verschrieben haben, heißt: Wir leben in Trennung, fühlen uns schuldig, haben Angst vor Strafe und greifen deshalb vorsichtshalber schon einmal an.

Individuell kann das zum Beispiel so wie bei mir ausschauen: Ich fühlte mich den größten Teil meines Lebens generell vom Rest der Menschen ziemlich getrennt, selbst die nahe stehenden Menschen verstand ich letztendlich nicht wirklich. Ich wusste nie, was sie wirklich im tiefsten Inneren dachten. Weil ich mich unbewusst schuldig fühlte, kreierte ich Situationen, in denen ich mich finanziell verschuldete. Weil ich Angst vor den Konsequenzen dieser Schulden hatte, rannte ich vor ihnen davon und kreierte immer mehr Schulden, was wiederum mehr Angst erzeugte, die mich noch schneller laufen ließ und somit noch mehr Schulden kreierte und so weiter. Eine Abwärtsspirale, die mich immer tiefer ins Loch brachte. Weil ich der Schuld und der Angst nicht ins Auge schauen wollte, projizierte ich die Schuld nach außen. Da war meine Erziehung schuld, die Gesellschaft mit ihren Kreditfallen, mein Karma und tausend andere Sachen, denen ich die Schuld geben konnte. Das ist nichts anderes als Angriff. So lebte ich auf meiner persönlichen Ebene das kosmische Drama aus.

Jeder Mensch hat seine eigene Variante und doch ist es immer ein und dieselbe Geschichte. Egal ob man finanzielle, gesundheitliche oder Beziehungsprobleme hat, diese persönlichen Probleme sind doch nur ein Spiegel des kollektiven Dramas.

Das persönliche Hologramm

Den Denkansatz, dass das Universum eine Illusion ist, können wir vielleicht etwas besser nachvollziehen, wenn wir das Holodeck aus dem Raumschiff Enterprise als Metapher nehmen. Für diejenigen, die damals in den achtziger Jahren nicht diese Science-Fiction-Serie im Fernsehen verfolgt haben, hier eine kurze Erklärung. Das Raumschiff Enterprise verfügte über eine fantastische Einrichtung, genannt das Holodeck: ein riesiger leerer Raum, der per Computerprogramm von Realität erfüllt wurde.

Eine meine Lieblingsfolgen aus dieser Zeit handelte von Jordi, einem Crewmitglied, der in seiner Freizeit Sherlock Holmes spielen wollte. Er programmierte den Computer so, dass der Rechner das London des 19. Jahrhunderts simulierte. Diese Computerprojektion wirkte täuschend echt, dreidimensional und war körperlich greifbar. Da gab es Häuser, Straßen, Menschen und Tiere, Regen, Wind und so weiter, alles schien absolut real. Man konnte mit den Computerfiguren sprechen, sie berühren, mit ihnen zusammen essen und trinken und sich völlig dieser vom Computer erschaffenen Illusion hingeben.

Dann unterlief Jordi der Fehler, den Computer zu instruieren, Sherlock Holmes' Gegenspieler, einen gewissen Professor Moriarty, so intelligent wie Data, den Androiden des Raumschiffes Enterprise, zu programmieren. Jordi wünschte sich eine echte Herausforderung als Sherlock Holmes und die sollte er bekommen. Denn Data war übermenschlich intelligent und verfügte über dieselbe Wissensmenge wie der Hauptcomputer der Enterprise.

Kaum war das Spiel geladen und Sherlock Holmes hinter dem Bösewicht Prof. Moriarty her, da begann das Ganze aus dem Ruder zu laufen. Denn Prof. Moriarty begriff sehr rasch, dass er sich nicht in London befand und nicht nur eine Romanfigur war. Er entwickelte Selbstbewusstsein und zeigte sich mit enormem Wissen und Fähigkeiten ausgestattet, allerdings mit der Persönlichkeitsstruktur eines Verbrechers. Prof. Moriarty setzte seine Fähigkeiten sofort ein, um die Kontrolle zu erlangen. Er übernahm nicht nur das Holodeck, sondern gleich die ganze Enterprise. Er kontrollierte das Schiff und hielt die gesamte Besatzung vom Holodeck aus als Geiseln gefangen.

Einen Ausweg aus der Situation fand schließlich Raumschiff-Captain Jean-Luc Picard. Dieser überzeugte Moriarty, dass es viel spannender wäre, eines der Shuttleschiffe zu nehmen und damit das Universum zu erforschen. Als jedoch Moriarty das Holodeck verließ, um das Shuttle zu besteigen, programmierten die Techniker den Computer um, sodass die Illusion erschaffen wurde, Moriarty gehe aus dem Holodeck zum Shuttle. In Wahrheit befand er sich aber immer noch im Holodeck. Moriarty erlebte als seine Realität, er würde im Shuttle durch das Universum fliegen, dabei spielte sich das Ganze nur als Simulation ab.

Interessant waren in dieser Episode die Abschlussworte von Captain Picard: „Wer weiß, vielleicht sind wir ja auch nur in einem Computerprogramm unterwegs und erforschen das Universum innerhalb eines größeren Holodecks." Worauf der Androide Data trocken erwiderte: „Das liegt im Bereich des Möglichen, denn wir haben keinen objektiven Fixpunkt, von dem aus wir unsere Erfahrung mit Sicherheit als Realität definieren könnten."

Als Teenager fand ich diese Art von Filmen mit ihrer High Tech und den philosophischen Implikationen hochgradig spannend und sehnte mich nach einer Zukunft, in der man mit Warp-Antrieb durch das Weltall fliegen und Holodecks besuchen könnte. Damals war mir nicht bewusst, dass wir uns alle bereits in einem Holodeck befinden. Jeder von uns lebt in seinem ganz persönlichen Holodeck, genannt „mein Leben", welches das Raumschiff Erde und das ganze Universum beinhaltet.

Unsere Realität im Überblick

Seit der vermeintlichen Trennung scheinen wir uns in einem energetischen Universum zu befinden. Die Energie entstand durch die Projektion von Gedanken. In der Realität des reinen Geistes gibt es jedoch keine Energie, weil der reine Geist vollkommen abstrakt, unwandelbar und vollkommen ist. Energie hingegen ist immer im Wandel, immer um Ausgleich der verschiedenen Zustände bemüht. Sie entsteht in dem Augenblick wenn der naive Geist, der sich aus Schuld und Angst ganz mit dem Ego vereint hat, seine schöpferische Kraft dem Ego zur Verfügung stellt. Das Ego projiziert den Gedanken von Trennung zusammen mit dem Geist hinaus in ein scheinbar losgelöstes Universum. Seit diesem Augenblick erleben wir das energetische Universum, in dem Gesetze von Resonanz, Projektion, Spiegelung und „Nichts ist wie es scheint" gelten, als polaren Gegensatz zum himmlischen Gewahrseins des Einen. Deshalb ist auch der Begriff „göttliche Energie" falsch, da Gott nichts mit Energie zu tun hat.

In diesem Spiegelkabinett der Kuriositäten erleben wir Bewusstsein und Wachstum, zwei Dinge die es für den reinen Geist nicht gibt. Bewusstsein entsteht in dem Augenblick, wenn der Geist sich seiner selbst, im Gegensatz zu Gott, bewusst wird. Da diese Trennung aber nie wirklich stattgefunden hat, ist das daraus resultierende Bewusstsein und Empfinden als Individuum ebenfalls eine Illusion. Somit ist auch der Ausdruck „Gottesbewusstsein" nicht korrekt.

Ich trenne absichtlich zwischen Bewusstsein und Gewahrsein. Gewahrsein findet in der Realität des einen reinen Seins statt, während Bewusstsein sich auf relativen Ebenen innerhalb der Illusion abspielt. Die Bandbreite reicht dabei von der relativ klaren Ebene des reinen Bewusstseins, die man bei der Meditation erleben kann (Eckhart Tolle bezeichnet sie als „Stille", Buddha als „Leere"), bis hin zu extrem dichten Zuständen von Bewusstsein, wobei die Menschen in großer Angst, Hass und Aggression leben. Alle Bewusstseinsebenen zwischen diesen extremen Polen der möglichen Erfahrung sind relativ und ermöglichen die scheinbare Entwicklung von Bewusstsein. Hier setzt QCT an. Durch die Zwei-Punkt-Methode erschaffen wir eine Verbindung zur reinen Geistebene und bewirken so eine Veränderung im Bewusstsein des Empfängers.

Mir ist bewusst, dass ich mich in einer Illusion bewege, aber um mich von dieser Illusion zu lösen, muss ich die niederen Frequenzebenen transformieren und so mein Bewusstsein Schritt für Schritt anheben. So wie bei unserer Ballon-Metapher muss ich mich von unnötigem Ballast befreien, um höher zu steigen. Irgendwann wird das Niveau meines Bewusstseins so rein und klar werden, dass ich nicht mehr zurücksinken kann, und irgendwann wache ich ganz aus dem Traum auf.

Auf dem Weg dahin wird es immer leichter. Wenn man anfängt, seinen Ballast abzuwerfen, kann es zuerst einmal heftig zugehen, weil so viel gelöst werden will. Der Prozess gleicht einem großen und anstrengenden

Frühjahrsputz. Aber es ist wesentlich sinnvoller, loszulegen und es zügig zu tun, als die Sache ständig vor sich her zu schieben. Denn das Gerümpel im Keller verschwindet nicht von allein, ganz im Gegenteil, es zieht nur noch mehr an und blockiert wertvolle Energien und Ressourcen.

Wenn wir schon so ein hervorragendes Hilfsmittel wie die Zwei-Punkt-Methode entdeckt haben, sollten wir es auch so viel wie möglich nutzen und den Keller ausräumen. Oder, um bei der Ballon-Metapher zu bleiben: Je mehr Sandsäcke man abwirft, umso rascher steigt man auf. Je früher man durch die Wolkendecke stößt, umso eher wird der Traum schön, wie es „Ein Kurs in Wundern" ausdrückt. Das bedeutet, dass wir mit QCT auf eine Bewusstseins- oder Frequenzebene gelangen, von der wir nicht mehr „herunterfallen" können. Man ist zwar noch in dieser Welt, aber nicht mehr von ihr. Man fühlt die Verbindung zur Quelle immer beständiger und dadurch immer häufiger und intensiver Liebe, Freude, Frieden und Verbundenheit. Man löst sich immer mehr vom eigenen Drama. Zum einen passieren gar nicht mehr so viele negative Dinge, weil man ja größtenteils Positivität ausstrahlt und somit die äußere Realität Positives zurückspiegelt. Selbst wenn sogenannte negative Dinge geschehen, kann man sie spielerisch mit QCT transformieren, da man diese Welt durchschaut hat und sie als Mittel zum Zweck nutzt.

Das Ego will uns einreden, dass diese Welt echt ist und wir auf sie reagieren müssen. Dass die Probleme und ihre Lösungen dort draußen, außerhalb von uns, liegen. So hält uns das Ego mit der Illusion in Atem und sichert damit seinen eigenen Fortbestand. Wenn wir diese Tricks erst durchschaut haben, nutzen wir die Situationen des Alltags als Gefährt, um zu immer mehr Freiheit zu gelangen.

Wenn jemand etwas sagt, was mich ärgerlich stimmt, habe ich mich von der Ego-Illusion einfangen lassen. Also nehme ich das erst einmal so an und schaffe damit einen inneren Abstand zur Situation. Dann erinnere ich mich stattdessen, dass alles Illusion ist und diese Situation nur eine Energieblockade darstellt, die ich dann mit der Zwei-Punkt-Methode auflöse. Schon nach wenigen Sekunden habe ich meine Gemütsruhe wieder. Diese ist ein Ausdruck meiner wahren Natur; somit habe ich mich für die Realität und nicht die Illusion entschieden. Das ist ganz einfach, wir müssen es nur tun.

Wenn wir die Idee, wie das Universum funktioniert, zusammenfassen, dann sind folgende Überlegungen wichtig:

Alles begann mit dem Gedanken der Trennung, der zu den Emotionen Schuld, Angst und Aggression führte. Daraus resultierte schließlich die Entstehung dieses Universums. Das ist es, was wir alle kollektiv auf der Geistebene erlebt haben beziehungsweise glauben erlebt zu haben. Deshalb ist es für uns abstrakt und weit weg, weil wir uns davon dissoziiert haben. Das mussten wir auch, um das Ganze ertragen zu können.

Wenn Sie, liebe Leserin und lieber Leser, Zweifel haben, dass diese Hauptemotionen die Grundlage für unser Erleben bilden, schauen Sie sich ruhig einmal um. Schlagen Sie die Zeitung auf oder schauen Sie sich die TV-Nachrichten an. Da dreht es sich um verschuldete Staaten, Wirtschaftsunternehmen, Banken, und man sucht nach Schuldigen für die Misere. Unser Rechtssystem basiert auf dem Opfer–Täter-Prinzip, wonach Schuldige ausgemacht werden müssen, um sie zu bestrafen. Das führt bei den Verfolgten zu Angst und auf beiden Seiten zu Aggression.

Zwischen einzelnen Staaten wird dieses Spiel, einen Schuldigen auszumachen, ihn zu bedrohen (= Angst erzeugen) und schließlich aggressiv zu werden, mit Kriegen und wirtschaftlichen Sanktionen betrieben. Innerhalb einer Gesellschaft geschieht dies durch das Rechtssystem, den Moralkodex und gesellschaftliche Normen. Und auf der ganz persönlichen Ebene wirken Tag für Tag dieselben Prinzipien auf unterschiedlichem Niveau.

Wir brauchen uns also nicht zu fragen, ob das Universum wirklich so begonnen hat und ob diese Theorie stimmt. Eine viel wertvollere Frage ist: Passiert es gerade jetzt? Nicht nur überall auf der Welt, sondern hier und heute in meinem Leben. Wenn ich mir diese Frage ehrlich beantworte und mein Leben aufmerksam betrachte, werde ich nicht umhin kommen zu erkennen, dass es ständig geschieht.

Einen Augenblick sind wir in Frieden mit uns und genießen den Sonnenschein, im nächsten sind wir leicht verärgert, weil der Nachbar die Musik zu laut aufgedreht hat und wir das Vogelgezwitscher draußen nicht mehr hören können. In unserem Innern ist ein Krieg gegen den Nachbarn entbrannt, der unseren lieben Frieden gestört hat.

Eben dachten wir noch, eine harmonische Beziehung zu führen, im nächsten sehen wir mit an, wie unser Schatz mit jemand anderem flirtet, und schon ist die Eifersucht als Ausdruck von Verlustangst da. Dies schürt sofort Aggressionen.

An einem schönen Sommernachmittag schlendern wir allein durch den Park und ruhen in der Innigkeit unseres Herzens. Aber je mehr wir beobachten, wie all die Familien mit ihren süßen Kindern spielen, die frisch Verliebten Händchen halten und die Freundescliquen lustig grillen, umso mehr schleicht sich ein Gefühl von Einsamkeit und Ausgeschlossensein bei uns ein. Wir erleben den Gedanken der Trennung und die Trauer, unsere Heimat verloren zu haben.

Wir ruhen in uns, fühlen die Verbundenheit zur Quelle und damit zu grenzenloser Fülle, aber plötzlich spukt uns die Nachricht von der unsicheren Wirtschaft im Kopf herum und wir machen uns Sorgen, wie es um unsere finanzielle Zukunft bestellt ist. Damit wir uns nicht mehr als Opfer fühlen, drücken wir diese Wut als leichte Aggression in Form von zynischen Bemerkungen über unsere geldgierigen Banker und korrupten Politiker aus.

Ich könnte unendlich fortfahren, aber ich glaube, es reicht schon, um das Prinzip an sich zu verdeutlichen. Ob das Universum seinerzeit so entstanden ist wie in Gary Renards Buch beschrieben, mag dahingestellt sein. Tatsache ist aber, dass wir Menschen uns jeden Tag unsere Realität auf diese Weise erschaffen, und zwar im Kleinen wie im Großen. Selbst solche Leute, die behaupten: „Mir geht es immer gut, ich bin immer gut drauf, erfolgreich und voller Elan mitten im Leben", sind diesen Mechanismen unterworfen. Entweder nutzen sie ihren Erfolg und ihr geschäftiges Treiben, um sich von den Ängsten und Schuldgefühlen abzulenken, oder sie haben ihre Momente der Trauer und Enttäuschung und akzeptieren diese als normalen Bestandteil des Lebens, mit dem sie halt leben müssen. Da diese Momente selten sind, könne man sie in Kauf nehmen.

Egal wie sie es sehen, sie bleiben der illusorischen Egowelt verhaftet und das ist das einzige, was das Ego interessiert. Dem Ego ist es egal, ob es einem gut oder schlecht geht, ob man materialistisch oder spirituell ist, Hauptsache man glaubt an das Ego und hält es am Leben.

Das Resonanzgesetz

Wir kommunizieren mit dem Universum über die Schwingungen, die wir aussenden. Jeder Gedanke ist Energie auf einer bestimmten Schwingungsfrequenz. Ebenso erzeugen jede Emotion und die molekulare Bewegung unseres Körpers Schwingungen. Alle diese Ebenen zusammen ergeben das Schwingungsfeld, das wir jeden Augenblick ausstrahlen. Dies könnte man mit einem Filmprojektor vergleichen, der kontinuierlich Licht durch einen Zelluloidstreifen schickt und so ein Bild auf eine Leinwand projiziert. Genauso strahlen wir ständig eine bestimmte Schwingung aus, die sich entsprechend ihrer Frequenz in unserem Leben widerspiegelt.

Nach dem Resonanzgesetz zieht unsere Ausstrahlung äußere Umstände an, die mit ihr im Einklang stehen. Die äußeren Umstände, die wir als unser Leben, als unsere Realität erfahren, sind also nichts anderes als das Spiegelbild unserer inneren Wirklichkeit. Dies ist schon so oft präzise in guten Büchern beschrieben worden, dass ich hier nicht weiter darauf eingehen möchte.

Mir geht es stattdessen um die konsequente und sinnvolle Umsetzung dieses universellen Gesetzes von Resonanz mit Hilfe der Zwei-Punkt-Methode. Resonanz wirkt genauso sicher und bestimmt wie die Schwerkraft, ob wir an sie glauben oder nicht, ob wir uns ihrer bewusst sind oder nicht.

Die Schwingung, die wir ausstrahlen, ändert sich in jedem Augenblick, da wir ein offenes Energiesystem sind. Das bedeutet, wir nehmen ständig Informationen von außen auf, werten sie durch unsere Wahrnehmungsfilter aus und reagieren darauf. Das läuft vollautomatisch und hauptsächlich unbewusst ab.

Nehmen wir zum Beispiel eine Person, die die unbewusste Trennung von der Quelle als persönliche Gefühle von Mangel und Ausgeschlossensein erlebt. Dieser Mensch hat die unbewusste und starke Überzeugung, nicht dazuzugehören und deshalb im Mangel zu leben. Diesen Glauben strahlt sein Mentalkörper ständig aus, denn es handelt sich um eines der Grundprogramme dieses Menschen. Dementsprechend manifestieren sich immer wieder größere und kleinere Szenarien in seinem Leben, die diesen Glauben bestätigen. Vielleicht hat er gerade erst eine neue Stelle angenommen. Er arbeitet hart und versucht, sich in die Firmenstruktur einzufügen, fühlt sich aber noch etwas fremd in der neuen Umgebung und findet keinen rechten Anschluss. Das vermittelt ihm das Gefühl, nicht wirklich dazuzugehören. Und nun holt er sich aufgrund dieses Glaubens und Gefühls auch noch die entsprechende Bestätigung in sein Leben. Ihm wird aus Rationalisierungsgründen gekündigt, und so erlebt er nicht nur Ausgeschlossensein, sondern auch noch Mangel, weil er nun vorerst wieder ohne Einkommen dasteht. So erschaffen wir uns jeden Augenblick unsere bestimmte Realität.

Ein anderes beliebtes Spielchen ist das Opfer–Täter-Spiel. Man erschafft eine Situation, in der man sich als schwaches Opfer erfährt, um zu leiden und schließlich aggressiv zu werden. Vor ein paar Monaten geriet ich selbst in eine solche Situation, nachdem ich mir einen neuen Laptop einer namhaften US-Firma zugelegt hatte und dieser schon nach ein paar Wochen seinen Geist aufgab. Ich nahm mit dem Hersteller Kontakt auf, um das Gerät reparieren zu lassen. Da ich den Computer in Deutschland gekauft hatte, aber inzwischen wieder nach Neuseeland zurückgekehrt war, wurde ich in einen Strudel von Bürokratie und Inkompetenz hineingezogen. Langer Rede kurzer Sinn: Ich verbrachte das nächste halbe Jahr damit, mit dem Kundenservice zu telefonieren und E-Mails hin und her zu schreiben. Dabei wurde ich immer wieder vertröstet, doch nichts geschah. Immer mehr stellte sich bei mir ein Gefühl der Machtlosigkeit gegenüber dem Konzern ein.

Genau das war es auch, was ich in mir auflösen musste. Schon als diese Situation ihren Lauf nahm, fragte ich mich, warum ich mir so etwas erschaffen hatte, und schaute mir meine Reaktionen und mein Gefühl der Machtlosigkeit an. Also nutzte ich die Gelegenheit, mich von unbewussten Programmen zu befreien. Wann immer ich in der Warteschleife des Kundenservice hing, transformierte ich alle Emotionen und Körperreaktionen mit der Zwei-Punkt-Methode, immer und immer wieder, bis ich schließlich die Situation mit Abstand betrachten konnte.

Trotzdem werde ich nie wieder einen Computer von dieser Firma kaufen. Aber diese Entscheidung konnte ich erst in Freiheit treffen, nachdem ich meine Opferprogramme und meine Wut über das ausbeuterische System in mir aufgelöst hatte; denn sonst wäre mir etwas Ähnliches bei der nächsten Firma wieder passiert.

Dieses Beispiel soll zeigen, wie wir uns ganz praktisch im Alltag aus der Illusion dieser dualistischen Realität befreien können. Zuvor habe ich erklärt, wie wir zu dieser Erfahrung von Dualität kamen, wie das Universum funktioniert und wie wir tagtäglich aufs Neue unsere Illusionen erschaffen. Nun wollen wir uns damit beschäftigen, wozu dies führt und wie wir uns daraus lösen können.

Letztendlich haben wir alle dieselbe Bestimmung, nämlich aus diesem Traum aufzuwachen. Aber der Weg dorthin im Außen ist für jeden anders und jeder steht an einem anderen Punkt. Deshalb gibt es kein Patentrezept, sondern nur eine Leitlinie oder ein Prinzip, das zur persönlichen Freiheit führt. Dieses Prinzip besteht in der Umkehrung der Illusion in jedem Augenblick.

Mein Geist kann immer nur eins von beiden: Entweder er ruht im Gewahrsein der reinen Liebe und ihren Ausdrucksformen, oder er identifiziert sich mit dem Ego und der Illusion von Trennung. Das ist leicht zu erkennen, wenn ich aufmerksam mein Befinden betrachte. Bin ich voller Freude, Kreativität, Verbundenheit, Frieden, Zufriedenheit, Erfülltheit, Harmonie, Mitgefühl, Liebe oder einer anderen positiven Haltung, oder bin ich gestresst, genervt, gelangweilt, verwirrt, gereizt, aggressiv, besorgt, traurig oder habe ein schlechtes Gewissen?

Wenn ich feststelle, dass ich in der Ego-Illusion feststecke, nehme ich entweder die Emotion, die ich gerade wahrnehme, oder die Situation, die sie ausgelöst hat, und transformiere sie mit der Zwei-Punkt-Methode. Dies mache ich so lange, bis ich mich wieder im Ausdruck meiner wahren Natur – im Zustand der Liebe und Verbundenheit – befinde. So betrachtet, wird jede Situation zum Katalysator für meine Befreiung durch QCT.

Auf diese Weise setze ich meine Bestimmung Schritt für Schritt um. Das führt immer mehr zu dem Gefühl, zur rechten Zeit am richtigen Ort zu sein, und bringt einen tiefen inneren Frieden mit sich. Außerdem zeigt sich so, dass uns das Leben von ganz allein unterstützt. Wir kommen in den natürlichen Fluss, wo sich alles einstellt, was wir zum Umsetzen unserer Berufung brauchen.

Das nächste Gefühl, das als Folge daraus erwacht, ist die Lebensfreude. Lebensfreude ist einer *der* Schlüssel zu einem erfüllten Leben, weil Freude eine wunderbare magnetische Wirkung hat. Wo Freude ist, da fühlen sich Menschen, Geld und Ressourcen aller Art wohl. All das fühlt sich von Menschen, die Freude ausstrahlen, magnetisch angezogen.

Das Schöne daran ist, dass wir Freude nicht anstreben oder erringen müssen, denn sie ist eine natürliche Ausdrucksebene unseres wahren Seins. Das Ego hingegen will uns glauben machen, wir seien losgelöst von der Freude und diese sei von äußeren Umständen abhängig. Laut dem Ego sollten wir nur dann Freude empfinden, wenn es einen guten Grund dafür gibt: weil die Sonne scheint, wir eine Gehaltserhöhung bekommen haben, uns ein schöner Urlaub bevorsteht und so weiter.

Diese Sichtweise dient dem Ego in seinem Bestreben,

die Dualität aufrecht zu halten, aber sie dient uns nicht auf unserem Weg zu innerer Freiheit. Wenn Freude von äußeren Umständen abhängig wäre, dann wären wir ein Knecht der Umstände. Da wir das nicht sind, ist der erste Schritt zur Freiheit und dem Erleben unabhängiger, innerer Freude, bewusst zu wählen, wie wir auf äußere Reize reagieren. Wir können wählen, ob uns ein grauer Regentag die Laune verdirbt oder nicht. Es geht also darum zu erkennen, dass wir selbst Freude sind. Dies ist eine natürliche Ausdrucksform unseres Wesens.

Das Spiegelgesetz in der Praxis

Nun könnte man alles als fixe Ideen abtun. Doch zum einen gibt es mittlerweile eine ganze Menge an wissenschaftlichen Studien und Entdeckungen im Bereich der Quantenphysik, die genau diese Art von Realitätserschaffung belegen, und zum anderen kann man sich auf das Ganze eben als Gedankenexperiment einlassen. Wenn ich einmal rein hypothetisch davon ausgehe, dass mein Leben keine externe Realität ist, sondern einfach nur das Spiegelbild meiner unbewussten Projektionen, dann liegt der Schluss nahe, dass nur eine Veränderung in der Projektion eine wirkliche Veränderung im Spiegelbild bedingen kann. Als nächsten Schritt wende ich das Spiegelgesetz in der Praxis an.

Wenn ich morgens vor meinem Badezimmerspiegel stehe und ein unrasiertes Gesicht erblicke (oder für die Damen: ein ungeschminktes Gesicht), dann macht es wenig Sinn, den Spiegel einzuseifen und zu rasieren. Da hilft nur eines: an mir arbeiten, damit das Spiegelbild sich verändern kann. Das leuchtet jedem ein, der von diesem banalen Beispiel liest, aber im Alltagsleben lassen wir uns ständig vom Ego dazu verleiten, am Äußeren etwas ändern zu wollen. Da ist der Partner schuld, dass man sich unwohl fühlt, die Wirtschaft ist für die finanzielle Knappheit verantwortlich oder Handystrahlung macht einen krank. Immer sind es äußere Faktoren, die Kontrolle über uns ausüben. Wir versuchen, diese zu verändern, und wenn dies nicht in unserer Macht steht, fühlen wir uns als Opfer und jammern.

Die Lösung liegt darin, alles im Außen als Botschaft aufzufassen. Diese zeigt mir, wo eigentlich eine Veränderung in meinem Inneren notwendig ist.

Annehmen, was ist

Der nächste Schritt besteht im Annehmen dessen, was ist. Autoren wie Eckhart Tolle und Byron Katie haben diese Weisheit sehr schön in ihren Büchern vermittelt. Denn ohne ein Annehmen kann ich auch den übernächsten Schritt nicht vornehmen. Wenn sich eine Situation in meinem Leben zeigt, mit der ich nicht zufrieden bin, zum Beispiel meine Frau sagt oder tut etwas, was mir auf die Nerven fällt und mich schließlich sogar wütend macht, dann ist die normale Reaktion, dass ich sie kritisiere, einen Streit anfange, hinterher noch eine Weile schmolle und schließlich eine negative Stimmung verbreite.

Wenn ich stattdessen innehalte, bevor ich reagiere, und mir ins Gedächtnis rufe, dass diese Situation eine Projektion meines unbewussten Geistes ist. Und wenn ich diese Situation erst einmal nur als Projektion annehme, dann habe ich viele Möglichkeiten zur Auswahl. Ich habe mich viele Jahre lang darin geübt, Gedanken und Reaktionen zu beobachten, wie es der Buddhismus lehrt, und ebenso à la Byron Katie eine Situation anzunehmen. Dies brachte mich auch allmählich und regelmäßig weiter, aber das Problem war, dass ich mich immer noch viel zu sehr mit meiner Persönlichkeitsstruktur und meinem Ego identifizierte. Denn das Annehmen dessen, was ist, führt uns zur Gegenwärtigkeit und zu einem anderen Umgang mit dem Thema. Aber man ist immer noch in der Illusion gefangen und im Unterbewusstsein laufen noch die althergebrachten Ego-Identifikationen ab.

Erst die Anwendung von „Ein Kurs in Wundern", der mir durch Gary Renards Buch nahegebracht wurde, erlaubte es mir, mich auf viel tieferen Ebenen von meinen Ego-Identifikationen zu lösen. Der richtige Durchbruch kam dann mit der Zwei-Punkt-Methode. Denn nun konnte ich die Philosophie, die jeweilige Alltagssituation und eine sofortige und wirksame Auflösung meiner Ego-Identifikationen miteinander verbinden.

Nehmen wir ein praktisches Beispiel aus dem Alltag: Meine Kinder zanken sich. Ich halte inne, erkenne die Situation als das an, was sie ist: eine Projektion meiner unbewussten Aggression. Ich löse diesen unbewussten aggressiven Aspekt in mir auf, indem ich mir bewusst mache, dass nichts davon real ist, denn eine Trennung von der Quelle hat nie stattgefunden. Ich bin nach wie vor reiner Geist. Aus diesem Bewusstsein heraus wähle ich, die Zwei-Punkt-Methode anzuwenden und die Energieblockade, die sich mir jetzt als Aggression zeigt, aufzulösen. Ich löse diese bei mir auf und nicht bei den Kindern.

Ich mische mich zunächst nicht ein, weil dies eine Reaktion auf die äußere Situation wäre und das Ganze für mich real machen würde. Ich lasse vielmehr die Zwei-Punkt-Methode wirken und beobachte, was sich in der äußeren Situation verändert. Sehr oft ändert sie sich recht schnell. Wenn nicht, kann ich immer noch den Streit schlichten, aber dann mit innerem Abstand. Ich muss nicht reagieren, weil die Aggression der Kinder bei mir nicht mehr auf Resonanz trifft. So finde ich die richtigen Worte und den richtigen Tonfall, um die Situation zu bereinigen.

Hingabe

Wie kommen wir am schnellsten und einfachsten dazu, wieder unsere wahre Natur zu erkennen und zu leben? Durch Hingabe.

Hingabe ist der direkte Weg zur Freiheit. Hingabe zieht den Ego-Identifikationen den Teppich unter den Füßen weg, und deshalb löst sie beim Ego auch so viel Angst und Gegenwehr aus. Das interpretieren wir dann irrtümlich als unsere eigene Angst, da wir noch sehr mit dem Ego verbunden sind.

Hingabe bedeutet, dass wir unser Herz öffnen und uns auf das, was sich gerade zeigt, einlassen. Das erleben wir oft erst einmal als Verletzlichkeit, obwohl das Gegenteil der Fall ist. Wir sind in Wahrheit gar nicht verletzlich, wenn wir mit offenem Herzen die Situation annehmen, wie sie ist, ohne diese zu bewerten. Denn über unseren Herzensraum sind wir mit unserem wahren Sein verbunden. Von dort strömt eine riesige Kraft durch uns hindurch. Zugleich befinden wir uns in einem wertfreien Zustand. Das macht uns unantastbar. Wenn wir mit offenem Herzen eine Situation annehmen, kann uns sogar ein anderer Mensch angreifen und uns dennoch nichts anhaben, da wir aus unserer Wertfreiheit heraus den anderen mit seiner Angst und Aggression akzeptieren und ihm mit Liebe begegnen. Egal ob der Angriff energetisch, verbal oder körperlich ist, er wird verpuffen, da ein offenes Herz keine Angriffsfläche bietet.

Ich habe ein paar Jahre lang mit einem sehr guten Lehrer auf diesem Gebiet trainiert. Karl Grunick kommt ursprünglich aus dem Kampfsport und entwickelte sich über das Aikido zu einem sogenannten Ki-Trainer weiter. Für Karl Grunick bedeutet im Ki zu sein, bewusst eine Haltung der absoluten Wertfreiheit und Offenheit einzunehmen und so mit jeder Situation bestmöglich umzugehen. Das Interessante an seinem Training bestand darin, dass dieser Grundgedanke durch die Körperübungen real und greifbar wurde. Ich erinnere mich noch gut an eine meiner Lieblingsübungen. Dabei musste ich mich mit eingeschlagenen Beinen, den Oberkörper und das Gesicht vornüber gebeugt, auf den Boden kauern. Dann legten sich vier bis fünf Personen mit ihrem ganzen Gewicht auf meinen Rücken. Als ich diese Übung das erste Mal ausführte, hätte ich fast eine Panikattacke mit Herzinfarkt erlitten. Da lasteten weit über 200 Kilogramm „menschlicher Biomasse" auf meinem Rücken und pressten mir jedes Sauerstoffatom aus den Lungen heraus. Ich konnte mich keinen Millimeter bewegen, und es kamen Erinnerungen aus meiner frühesten Kindheit hoch. Damals litt ich unter Platzangst. Alles in allem keine angenehme Position. Und die Zeit wurde knapp, da ich tatsächlich keine Luft mehr bekam.

Die Übung zielte darauf ab, in die Wertfreiheit zu kommen. Es galt, die Situation nicht im Geringsten zu beurteilen, dadurch die Angst und den Widerstand loszulassen und somit innerlich von dem äußeren Umstand frei zu werden. Karl Grunick nennt das „ins Ki gehen". Als mir dies gelang, konnte ich plötzlich wieder atmen. Ich konnte vollkommen frei wählen, liegen zu bleiben oder aufzustehen. Als ich mich dann nach einigen Sekunden der inneren Freiheit entschied aufzustehen, war das wirklich ein großartiges Gefühl. Ich erlebte, wie vier Menschen ganz leicht von meinem Rücken fielen, wie trockenes Laub. Dass ich ihr Gewicht dabei nicht einmal spürte, war höchst prickelnd. Ich empfand ein wunderbares Gefühl von Freiheit und Freude.

Eine andere spannende Übung war ein simulierter Angriff. Bei diesem Training musste ich einem Angreifer, der mich körperlich bedrohte und eine starke aggressive Energie ausstrahlte, mit der Haltung eines offenen Herzens begegnen. Das fiel mir überhaupt nicht leicht, da meine Konditionierung wie bei den meisten Menschen so war, dass ich beim ersten Anzeichen von Aggression „dicht machte" und mich entweder zur Flucht entschied oder eine aggressive Verteidigungshaltung einnahm.

Die Herausforderung bestand darin, im Augenblick der Angst und Aggression eine andere Wahl zu treffen: ins Ki zu gehen, neutral zu bleiben und die Aggressivität des Angreifers im offenen Herzensraum verpuffen zu lassen. Wann immer mir diese Übung gelang, stellte sich ein echtes Hochgefühl ein, das Erleben von Freiheit. Ich sah den Kerl mit erhobener Faust und purer Aggression in den Augen auf mich zukommen, spürte die Angst durch mein System pulsieren und schaffte es dennoch, den Blickkontakt zu halten. Ich glich einem Reh in absoluter Unschuld, zum Sterben bereit.

Das ist der Knackpunkt – sowohl bei diesen Übungen als auch beim Praktizieren von Hingabe im Alltagsleben: Wir müssen immer bereit sein, dass es nicht klappt, dass wir tatsächlich verletzt werden, dass wir sterben. Nur wenn wir diese Haltung einnehmen, dann ist es echt, und nur dann funktioniert es immer. Sobald wir versuchen, Hingabe wie eine Art Technik einzusetzen, um etwas zu erreichen, funktioniert es schon nicht mehr.

Dies wird in einer Szene aus dem Film „Der Erste Ritter" mit Richard Gere als Lancelot schön dargestellt. Lancelot gewinnt beim Turnier mit Leichtigkeit einen Schwertkampf gegen einen wesentlich größeren und kräftigeren Gegner. Dieser ist zunächst deprimiert, sieht dann aber ein, dass er von Lancelot lernen kann. Daher fragt er ihn nach dem Geheimnis seines Erfolgs. Lancelot antwortet: „Man muss nur drei Dinge beachten: Seht den nächsten Hieb Eures Gegners voraus." – „Das kann ich wohl lernen", meint der starke Bursche. „Gut", nickt Lancelot freundlich. „Als Zweites dürft Ihr Euch nie dazu verleiten lassen, Euer Gleichgewicht zu verlieren, auch wenn es so aussieht, als könntet Ihr einen Vorteil ausnutzen." – „Auch das kann ich lernen", erwidert sein neuer Schüler voller Begeisterung. „Sehr gut", meint Lancelot abschließend. „Aber das Wichtigste dabei ist: Es muss Euch gleichgültig sein, ob Ihr am Leben bleibt oder sterbt."

Hingabe ist das Tor zur inneren und somit äußeren Freiheit in jedem Lebensbereich: Beziehungen, Sex, Geldfluss, berufliche Leistung, körperliche Gesundheit. Ich werde diese Bereiche durch Fallbeispiele im dritten Teil über die Umsetzung im Alltag noch eingehender beleuchten.

Dankbarkeit

Die Hingabe führt außerdem zur Dankbarkeit. Wenn man annimmt, was ist, kann man Dankbarkeit für alles Gute fühlen, aber auch dankbar für die Herausforderungen sein, die sich als Möglichkeit zur Befreiung bieten.

Wann immer ich es versäume, dankbar für mein Leben zu sein, erinnere ich mich an folgendes Ereignis in Zypern: Ich war damals mit meinen drei und vier Jahre alten Töchtern im Auto unterwegs. Als mich die Jüngere von beiden kurz ablenkte, kam ich von der Fahrbahn ab und geriet auf den Seitenstreifen, ausgerechnet dort, wo die Leitplanke anfing. Die Schräge der Leitplanke wirkte wie eine Sprungschanze. Der Wagen überschlug sich und wir schlitterten quer über die Fahrbahn. Von dem Augenblick an, als das Auto umkippte, lief alles wie in Zeitlupe ab. Ganz langsam nahm ich wahr, wie wir im Innenraum gegen das Dach des Autos fielen, und dabei fühlte ich eine sanfte blaue Lichtkugel, die uns umgab. Ich nahm keinen Schmerz, Lärm oder Hektik wahr. Alles blieb ganz friedlich.

Beim Aufschlag war ein Seitenfenster zu Bruch gegangen, was sich als großes Glück erwies, denn die Türen hätten sich nicht mehr aufdrücken lassen. Ich hob in aller Ruhe beide Kinder durch die Fensteröffnung nach draußen und kletterte selbst hinaus, nahm dann meine Töchter auf den Arm und entfernte mich rasch vom Auto, aus dem schon die ersten Flammen stiegen. Erst nach 50 Metern hielt ich an, die normale Realität hatte mich eingeholt, mein Herz raste, und ich machte mir Sorgen um die Gesundheit meiner Kinder. Die einzige Verletzung bei uns dreien war ein kleiner Schnitt an der Hand meiner älteren Tochter, den sie sich von einer Glasscherbe am Boden zugezogen hatte. Wann immer ich glaube, mit meinem Leben unzufrieden zu sein, denke ich an diesen Tag zurück und danke dem Schicksal, dass meine Kinder heil und ganz sind.

Vom Opfer zum Schöpfer

Wenn wir von dem Grundgedanken ausgehen, dass wir selbst unsere Realität erschaffen, dann ändert sich unweigerlich die Spielebene. Wir fangen an, aus unserer Opferhaltung herauszugehen und bewusst unser Leben in die Hand zu nehmen. Ohne diesen ersten Schritt kommen wir nirgendwohin. Solange wir dem Ego die Geschichte von der Trennung abkaufen und damit diese externe Realität als Wahrheit anerkennen, strampeln wir im ewig rotierenden Hamsterrad der vom Ego erzeugten Probleme und Herausforderungen. Das gilt auch für diejenigen, die sich als erfolgreich und durchaus zufrieden wahrnehmen. Behagen und Wohlstand sind oft nur Ego-Fallen, weil wir dann nämlich keine Notwendigkeit verspüren, Änderungen anzustoßen. Wenn wir uns jedoch in schwierigen Lebensumständen befinden, kann uns der Leidensdruck als

Auslöser zu einer veränderten Haltung im Innern und schließlich zur bewussten Schöpferkraft hinführen. Wenn man dann äußeren Wohlstand und Zufriedenheit erlebt, spiegeln sie die innere Fülle wider, und man hat keine Anhaftung mehr daran.

Solange man glaubt, in einer von sich abgetrennten Welt zu agieren, die man beeinflussen und kontrollieren muss, um das Gewünschte zu erreichen und erst dadurch glücklich zu werden, fällt man auf die Zaubertricks des Ego herein. Manchmal meistert man die Herausforderungen, ein anderes Mal wieder nicht. Das ist dem Ego letztlich egal, Hauptsache man wird auf Trab gehalten. Denn das Ego existiert nur solange, wie wir daran glauben und uns damit gleichsetzen. Wenn wir mit Problemen beschäftigt sind und versuchen, diese im Außen zu lösen, kommen wir nicht an den eigentlichen Kern der Sache heran. Wir fangen erst dann an, uns von der Welt der Illusionen abzukehren, wenn wir aufhören, an sie zu glauben, und vielmehr ihre Mechanismen durchschauen und anders handeln. Um bei dem Beispiel vom Spiegelgesetz zu bleiben: Anstatt den Spiegel zu rasieren, rasieren wir unser Gesicht.

Teil 2

QCT und die
Zwei-Punkt-Methode

Was heißt QCT?

„QCT" steht im Englischen für *Quantum Consciousness Transformation*, auf Deutsch Quanten Bewusstseins Transformation. Ich habe diesen Namen für meine Arbeit mit den zwei Punkten gewählt, weil es mein oberstes Anliegen ist, innere Freiheit zu erlangen und mein Leben bewusst zu gestalten. Bewusstsein und Energie sind zum einen direkt miteinander verknüpft, und zum anderen führt die Transformation von Energieblockaden automatisch zu einer Erweiterung des Bewusstseins. Die Zwei-Punkt-Methode wirkt praktisch auf der Quantenebene und bildet gleichzeitig die theoretische Grundlage, mit der eine Transformation des Bewusstseins erfolgt.

Woher stammt die Zwei-Punkt-Methode?

Ich glaube, dass es diese Methode schon seit Menschengedenken gibt. Nachweislich verwenden die Kahunas, die Schamanen Hawaiis, diese Methode schon seit Jahrtausenden. Serge Kahili King, Buchautor und Schamane, nennt sie *Kahi* – „die magische Berührung". Er hält sie für eine der wichtigsten Techniken, die er kennt und an andere weitergibt.

Ende der neunziger Jahre wurde die Methode wiederentdeckt und für unser westliches Verständnis von den beiden Amerikanern Dr. Frank Kinslow und Dr. Richard Bartlett neu aufbereitet. Die beiden stießen unabhängig voneinander auf diesen Denkansatz und entwickelten ihn in ihrem individuellen Stil weiter. Interessanterweise sind beide ehemalige Chiropraktiker und noch witziger fand ich, dass Bartlett bis zum Herbst 2009 nicht einmal etwas von Kinslows Vorhandensein wusste.

Sowohl Kinslow als auch Bartlett haben ihre Erfahrun-

gen in Büchern und Seminaren einem stetig zunehmen-
den Publikum zur Verfügung gestellt, sodass heute Zehn-
tausende von Menschen in Nordamerika und Europa auf
dieses faszinierende Hilfsmittel zurückgreifen können.

Wie funktioniert die Zwei-Punkt-Methode?

Die Zwei-Punkt-Methode ist ein einfaches Mittel um blockierte Energie wieder zum Fließen zu bringen. Wenn wir
bedenken, dass alle Stoffe in diesem Universum (einschließlich unser Körper) aus Molekülen bestehen, diese
wiederum aus Atomen, die sich ihrerseits nur aus Elek-
tronen und subatomaren Teilchen zusammensetzen,
dann begreifen wir, dass wir nicht in einem festen, körperlichen Universum leben, sondern in einem feinstofflichen oder energetischen. Es entspringt nur unserer
Wahrnehmung, dass es uns fest und körperlich erscheint.

Wenn wir außerdem bedenken, dass Energie sich
grundsätzlich nur in zwei Zustandsformen darstellt, entweder als Teilchen oder als Welle, das heißt, in Hinblick
auf unser menschliches System als blockierte oder flie-
ßende Energie, dann wird ganz deutlich, dass wir in erster
Linie blockierte Energie wieder zum Fließen bringen müssen, wenn wir eine Situation verändern wollen. Genau
dafür ist die Zwei-Punkt-Methode hervorragend geeignet.
Und sie ist vielfältig einsetzbar, aber vor allem wirkt sie
schnell und effektiv.

Die Anwendung der Zwei-Punkt-Methode ist denkbar
einfach. Eine Person wählt ein beliebiges Thema, an dem
sie arbeiten möchte, und denkt daran oder spürt sich hinein. Der Anwender oder Behandler wählt einen beliebigen Punkt als sogenannten Ankerpunkt aus, über den er
sich mit der Person und dem zu bearbeitenden Thema
verbindet. Der Behandler ist sich bewusst, dass er nicht

mit einer Person aus Fleisch und Blut an einem echten Problem arbeitet, sondern mit einem Energiefeld, in dem der Energiefluss teilweise blockiert ist.

Als nächsten Schritt lässt der Behandler seine freie Hand intuitiv auf den Empfänger zuwandern. Es befinden sich etliche energetische Punkte im Energiefeld sowie am Körper der Person. Die Absicht des Behandlers besteht darin, einen dieser Punkte zu finden. Diese Resonanz- oder Lösungspunkte erkennen wir an einer veränderten Wahrnehmung. Die meisten Menschen spüren diese Veränderung in der Hand, die den Punkt sucht.

Typische Anzeichen für das Vorhandensein eines Lösungspunktes sind:

o eine Anziehungskraft zwischen beiden Händen
o der Eindruck, dass die suchende Hand plötzlich auf einen Widerstand in der Luft stößt
o Wärme oder Kälte oder ein Prickeln in der suchenden Hand

Grundsätzlich gilt jede veränderte Wahrnehmung als Zeichen dafür, dass wir auf einen Resonanzpunkt gestoßen sind. Manche Menschen spüren gar nichts oder spüren es weniger in der Hand, dafür fühlen sie es im Herzen oder im eigenen Energiefeld, sobald sie einen Resonanzpunkt gefunden haben. Auch das ist völlig in Ordnung, weil alles sowieso im Bereich der persönlichen und individuellen Wahrnehmung abläuft. Insofern gibt es hier kein Richtig oder Falsch, sondern es geht nur darum zu erkennen, wie unsere Wahrnehmung mit uns kommuniziert. Manchmal reagiert auch schon die empfangende Person, bevor wir selbst den Punkt spüren. Auch das ist völlig in Ordnung.

Sobald wir den Lösungspunkt gefunden haben, bleiben wir dort und fassen den Entschluss, dass das zu bearbeitende Thema jetzt transformiert ist. Dann beobachten wir einfach, was geschieht. Wir nehmen keinerlei Einfluss auf den Vorgang. Im Gegenteil: Je mehr wir uns gedanklich aus der Sache herausziehen, umso leichter, wirkungsvoller kann ganz von allein geschehen, was geschehen will. Normalerweise stellt sich dann in Sekunden ein Phänomen ein, das wir „die Welle" nennen: Die Energie beginnt zu fließen. Dies geschieht manchmal sehr sacht, körperlich kaum wahrnehmbar, meistens aber stärker, sodass die empfangende Person zu wanken anfängt und oft sogar umfällt. Die Welle gleicht einem Biofeedbacksystem, das anzeigt, dass etwas in Gang gesetzt ist. So eine Welle kann wenige Sekunden oder einige Minuten lang dauern. Wenn diese Welle abgeebbt ist, nehmen wir die Hände weg und geben dem Empfänger Zeit, die Erfahrung zu verarbeiten. Manchmal hat sich jemand durch die Welle so sehr entspannt, dass er einige Minuten danach ausruhen möchte. Diese Welle ist nur eine Nachwirkung vom Informationsimpuls, der aus der reinen Geistebene stammt. Die blockierte Energie wurde wieder zum Fließen gebracht, auf der körperlichen Ebene zeigt sich dies durch die Reaktion des Schwankens.

Danach beginnt der Transformationsprozess. Dieser kann Stunden, Tage, aber auch Wochen und Monate dauern, je nach Thema und der Bereitschaft des einzelnen, das Thema aufzulösen. Manche Prozesse laufen langsam und fast unmerklich ab, während andere kurz und heftig sind, die meisten gehen jedoch allmählich vonstatten und lösen das Thema Schicht für Schicht auf. Auch das hängt von der Einstellung der Person ab.

Der Prozess wird von der Weisheit der reinen Geistebene gelenkt. Deshalb geschieht genau das, was für den Empfänger gerade am besten ist.

Ich erkläre mir das ganze Phänomen folgendermaßen: Durch unsere Absicht und Aufmerksamkeit erzeugen wir eine bestimmte Realität. Das tun wir sowieso immer, nur eben unbewusst und somit oft negativ, da unsere unbewussten Bestrebungen vom Ego gesteuert werden. Bei Anwendung der Zwei-Punkt-Methode wählen wir jedoch bewusst, die Welt für einen Augenblick mit anderen Augen zu sehen. Wir erinnern uns daran, dass alles nur Licht und Information ist und dass das sogenannte Problem der Person nur blockierte Energie darstellt.

Indem wir die zwei Punkte finden, stellen wir eine Öffnung des Bewusstseins durch alle feinstofflichen Ebenen hindurch her und verbinden uns mit der reinen Geistebene dahinter. Wir setzen bewusst die Absicht , dass das Thema der Person nun aufgelöst ist. Aus diesem Zusammenspiel von klarer Intention und reinem Geist entsteht ein Informationsimpuls, der vom reinen Geist durch alle Ebenen der empfangenden Person (Seele, mentaler, emotionaler und physischer Körper) fließt und dort korrigiert, was aus dem Lot geraten ist.

Wie man die Zwei-Punkt-Methode anwendet

Wir können die Behandlung im Stehen, Sitzen oder Liegen vornehmen. Allerdings werden wir nur im Stehen die volle Kraft der Welle merken. Die Welle tritt, wie gesagt, nur als Nachwirkung des Transformationsimpulses auf. Daher ist es unerheblich, ob man steht oder liegt. In aufrechter Haltung erfährt sie der Empfänger bloß deutlicher, und das Feedback für den Behandler ist besser.

Wenn wir im Stehen arbeiten, brauchen wir entweder einen Assistenten, der die empfangende Person auffängt, oder wir rücken vorher einen bequemen Sessel oder Stuhl zurecht, auf den sie sich dann fallen lässt.

Die empfangende Person denkt an das Thema, an dem sie arbeiten möchte (immer nur ein Thema pro Anwendung). Dieses Thema braucht sie dem Behandler auch gar nicht mitteilen. Es kann dem Behandler bekannt sein, aber es muss nicht, da letztlich alle Themen dieselbe Ursache haben: blockierte Energie, die wir mit Hilfe der Zwei-Punkt-Methode wieder zum Fließen bringen wollen. Eine entspannte und aufgeschlossene Haltung auf beiden Seiten ist hilfreich. Empfänger und Anwender lassen es einfach geschehen.

Der Behandler nimmt die Haltung ein, dass alles Licht und Information ist und er jetzt nur die blockierte Energie ins Fließen bringt. Außerdem schaut er mit leicht verschwommenem Blick in die Ferne, das heißt, dass er seine Augen auf nichts Bestimmtes richtet. Dies hilft zu entspannen und beide Gehirnhälften aufeinander abzustimmen.

Dann verbindet sich der Behandler über einen beliebigen Ankerpunkt, zum Beispiel an der Schulter, mit dem Thema. Diese Verbindung wird allein durch die Absicht hergestellt, sich mit dem Thema zu befassen.

Der Behandler bleibt mit einem Teil seiner Aufmerksamkeit bei der Hand am Ankerpunkt, während er seiner freien Hand gestattet, einen der Resonanzpunkte zu finden. Die Hand bewegt sich langsam auf den Empfänger zu und irgendwann auf diesem Weg ändert sich plötzlich die Wahrnehmung (man empfindet zum Beispiel Wärme, ein Kribbeln oder einen Widerstand und so weiter). Der Behandler atmet ruhig aus und verweilt an dem gefundenen Punkt; er ist sich bewusst, dass das Thema transformiert ist, und lässt die Welle kommen.

Diese Welle stellt sich normalerweise innerhalb von Sekunden ein. Die Welle kann manchmal aber auch sehr behutsam einsetzen und ein bis zwei Minuten brauchen, bis sie sich aufbaut. Manche Wellen sind kurz und heftig, und die Person liegt im Nu auf dem Sofa. Andere Wellen dauern länger, kommen und gehen oder verlaufen spiralförmig. Manche sind so fein, dass man sie körperlich kaum spürt, sondern nur im Energiefeld eine Veränderung wahrnimmt. Es gibt unendlich viele Variationen. Wenn die Welle an Kraft verloren hat, nimmt der Behandler die Hände weg. Der Impuls ist angestoßen und der Transformationsprozess setzt ein.

Die Anwendung der Zwei-Punkt-Methode in Kurzform

o Der Behandler oder Anwender ist sich bewusst, dass alles aus Licht und Information besteht.

o Er legt eine seiner Hände behutsam auf den Ankerpunkt, zum Beispiel auf die Schulter, und verbindet sich über seine Absicht mit dem zu bearbeitenden Thema.

o Mit der anderen Hand spürt er intuitiv den Lösungspunkt irgendwo am Körper oder im Energiefeld des Körpers auf. Es gibt immer mehrere Lösungspunkte.

o Die Punkte erkennt man daran, dass sie eine Veränderung in der Wahrnehmung hervorrufen. Das kann ein Ziehen, Druckgefühl, Wärme oder ein leichtes Kribbeln sein.

o Während sich der Behandler zu dem Punkt hinführen lässt, ist er gleichzeitig mit seinem Bewusstsein beim Ankerpunkt und der „suchenden" Hand.

o Wenn er die zwei Punkte – Ankerpunkt und Lösungspunkt – gefunden hat, bleibt er mit seiner Aufmerksamkeit bei beiden Punkten und atmet langsam aus, während er ohne ein bestimmtes Ziel anzuvisieren in die Ferne schaut.

o Er wird dann spüren, wie sich eine Welle aufbaut. Wenn dies eintritt, lässt er es geschehen und erlebt die Welle!

Liste von möglichen Ankerpunkten:

o Schultern
o Hüfte
o Scheitel
o siebter Halswirbel
o Steißbein
o Brustbereich
o Bauchnabel
o Handflächen
o Fußsohlen

Prinzipiell kann auch jeder andere Punkt des Körpers genommen werden.

⇨ Die Lösungspunkte werden individuell und intuitiv gefunden.

Anwendung von vorn

Anwendung von der Seite

Diesen Ablauf kann man auch gut auf meiner Video-Aufzeichnung verfolgen:

http://www.qct-seminar.com

Nach der ersten Anwendung der Zwei-Punkt-Methode kann man entweder den Prozess sich selbst überlassen oder sofort weitermachen und verschiedene Aspekte des Themas beleuchten. Jedes Thema enthält emotionale, mentale und seelische Aspekte, und vielleicht hat es sich sogar schon körperlich ausgeprägt oder noch nicht.

Die Bilder zeigen, wie eine Person aufgrund der Welle ins Wanken kommt und sich fallen lässt.

PRAKTISCHE ANLEITUNG

Die allgemeine Ebene

Die praktische Umsetzung der Zwei-Punkt-Methode ist ganz einfach. Nehmen wir einmal an, es geht um Knieschmerzen. Der Empfänger denkt eben an seine Knieschmerzen oder fühlt den Schmerz. Als ersten Schritt ermittelt der Behandler die zwei Punkte, die das Thema allgemein betreffen. Dann löst sich die erste Schicht des Themas ab und befindet sich sofort im Transformationsprozess.

Die emotionale Ebene

Nun beleuchten wir die emotionale Ebene. Wenn sich die empfangende Person über die emotionale Ladung hinter diesem Thema bewusst ist, können wir direkt daran ansetzen. Vielleicht fühlt die Person immer dann Wut oder Enttäuschung, wenn die Knieschmerzen sie einschränken. Also denkt die Person jetzt an eine Situation, in der sie diese Emotion erlebt hat, oder wenn möglich fühlt sie die Wut genau jetzt während der Behandlung. Dann setzt der Anwender zwei Punkte auf diese Emotion, wobei der Ablauf genauso ist wie oben beschrieben.

Es kann natürlich vorkommen, dass neben dieser vorrangigen Emotion, die dem Empfänger zu den Knieschmerzen einfällt, noch andere emotionale Ladungen mit dem Thema zusammenhängen, über die er sich aber nicht bewusst ist. Deshalb testen wir nun, ob dies der Fall ist.

Wie wir testen:

Mit der Zwei-Punkt-Methode können wir das System des Empfängers befragen, ähnlich wie bei einem kinesiologischen Muskeltest. Wir müssen dabei eine geschlossene Frage stellen, die nur mit Ja oder Nein beantwortet werden kann. Während des Testens denkt die Person wieder an ihr Thema, zum Beispiel die lästigen Knieschmerzen.

Über den Ankerpunkt ist der Behandler mit dem Thema verbunden und stellt im Innern die Frage: „Gibt es zu diesem Thema eine Emotion aufzulösen?" Dann hält er seine Hand 30 bis 40 Zentimeter vor den Bauch der Person und bewegt die Hand langsam auf sie zu. Verspürt er bei diesem Näherkommen eine Resonanz, bedeutet dies Ja, bleibt die Reaktion aus, heißt das Nein.

Die Resonanz ist für den Anwender so wahrnehmbar wie vorher beim Ermitteln des Lösungspunktes, also als Kribbeln, Wärme oder Widerstand, oder der Empfänger fängt an zu wanken. Beides entspricht einer positiven Resonanz, und der Anwender kann sofort innerlich die Intention verwenden: „Transformiert." Damit ist gemeint, dass der emotionale Gehalt dieses Themas jetzt transformiert ist.

Wir können also ganz wirksam in einem Durchgang testen, ob eine störende emotionale Blockade vorliegt und diese auch gleich auflösen. Danach lässt der Behandler die Welle auslaufen und fragt dann noch einmal nach, ob es noch eine Emotion zu diesem Thema gibt. Meistens sind es zwei bis drei Emotionen, manchmal auch nur eine und gelegentlich auch mehr als drei Emotionen. Wir führen den Test einfach so lange durch, bis das System des Empfängers keine positive Resonanz mehr zeigt. Auf diese Art und Weise löst man die Emotionen, die an diesem Thema dranhängen, in dem Maße, wie sie zu diesem Zeitpunkt gelöst werden können.

Diesen Ablauf kann man auch gut auf meiner Video-Aufzeichnung beobachten:

http://www.qct-seminar.com

Der Ablauf des Tests in Kurzform:

o Die empfangende Person denkt an ihr Thema.

o Der Anwender oder Behandler verbindet sich über den Ankerpunkt mit dem Thema.

o Der Anwender führt seine freie Hand langsam zum Bauchnabel des Empfängers und stellt sich dabei im Innern die folgende Frage: „Gibt es zu diesem Thema eine Emotion aufzulösen?"

o Wenn er eine Resonanz verspürt, gibt der Anwender die Anweisung: „Transformiert." Danach lässt er die Welle kommen.

o Wenn die Welle vorüber ist, kann der Behandler weiter testen, ob es noch eine andere Emotion zu diesem Thema gibt. Wenn keine Resonanz mehr wahrgenommen wird, ist alles, was momentan gelöst werden kann, transformiert.

1. Position während des Tests

Die mentale Ebene

Als nächster Schritt ist die Verstandesebene an der Reihe. Unser Mentalkörper ist der Träger von all den Glaubenssätzen und Denkmustern, die insgesamt unser Weltbild ausmachen. Hier ist abgespeichert, wie wir „ticken" – von den maßgeblichen Grundprogrammen bis hin zu diversen

Prägungen in unterschiedlichen Bereichen unserer Psyche. Diese Muster beginnen sich schon vor unserer Geburt zu formen. In dem Augenblick, wenn wir uns zur Inkarnation entschlossen haben und sich die Seele im Embryo einzunisten beginnt, bilden sich die ersten Schichten heraus.

Zunächst einmal ist das „Gepäck" zu nennen, das die Seele in diese Inkarnation mitnimmt. Da jedes Erdenleben dem eigenen Seelenwachstum dienen soll, werden ganz bestimmte Umstände gewählt, um gewisse Lernerfahrungen zu ermöglichen. Die Erfahrung wird teilweise dadurch bestimmt, wie die Person mit diesen Umständen fertig wird, und dabei ist natürlich entscheidend, was man denkt. Somit stellen diese grundlegenden Gedankenstrukturen eine Ausgangsbasis für das spätere Erleben und Lernen dar.

Als Nächstes übernehmen wir die Programmierungen unserer Kultur – einschließlich der Vorfahren –, und schließlich kommen wir noch in den Genuss von Erziehung und Bildung. Am Ende ist unser Mentalkörper bis zum Rand angefüllt mit Glaubenssätzen darüber, was real ist, was möglich ist und was nicht, was und wer wir sind und was wir können. Nichts von alledem ist, objektiv gesehen, real, es sind alles nur Programme in unserem Bewusstsein, so wie eine Software auf einem Computer. Der Computer kann robust und leistungsfähig sein, wenn aber die Software beschränkt ist, lässt sich nicht viel damit anfangen.

Ein Beispiel:

Wenn jemand als Kind ständige Ablehnung von seiner Mutter erfahren hat, kann er die Überzeugung gewinnen, nicht liebenswert zu sein. Später wird derjenige immer wieder Situationen und Menschen in seinem Leben anziehen, die ihm genau das bestätigen. Solche Glaubenssätze lösen wir ständig in den QTC-Seminaren auf, insbesondere wenn es dabei um Eigenliebe und Beziehungsfähigkeit geht. Energetisch betrachtet sind solche Überzeugungen nur Energieblockaden, die es aufzuheben gilt. Auch auf dieser Ebene ist die Transformation von hinderlichen Glaubenssätzen mit der Zwei-Punkt-Methode denkbar einfach. Wie schon beim Test zur Bearbeitung der Emotionen verbindet sich der Anwender wieder mit dem Empfänger und seinem Thema und stellt im Geiste die folgende Frage: „Gibt es zu diesem Thema begrenzende Glaubenssätze aufzulösen?" Spürt er eine Resonanz, gibt er gleich die Anweisung: „Transformiert." Er nimmt den Test so lange vor, bis keine Resonanz mehr wahrnehmbar ist. Wichtig: Für eine erfolgreiche Transformation müssen Empfänger und Anwender die begrenzenden Glaubenssätze nicht unbedingt kennen.

Die kausale Ebene

Schließlich wenden wir uns im nächsten Schritt der kausalen Ebene zu. Oftmals haben unsere jetzigen Probleme eine bestimmte Ursache, vielleicht ein traumatisches Ereignis in der Vergangenheit, das nie verarbeitet wurde. Solche energetischen Verletzungen in unserem System können über Inkarnationen hinweg bestehen bleiben und immer tiefer sitzende Probleme auslösen. Dies ist der Fall, wenn sich immer mehr traumatische Erlebnisse anhäufen. In den Seminaren sind solche Traumata schon häufiger in puncto Lebensbestimmung zum Tragen gekommen.

Ein Beispiel:
Dazu fällt mir die Geschichte einer Seminarteilnehmerin ein. Sie konnte sich daran erinnern, in einem früheren Leben eine weise und starke Frau gewesen zu sein. Sie ging ihrer Berufung zur Hebamme und Kräuterfrau nach und

äußerte stets freimütig ihre Ansichten. Das war der Obrigkeit irgendwann ein Dorn im Auge, man verurteilte sie als Hexe und verbrannte sie schließlich auf dem Scheiterhaufen. Dieses Trauma schleppte sie über viele Inkarnationen hinweg mit sich herum und sobald sie sich in diesem Leben anschickte, in ihre Macht zu kommen und ihrer Bestimmung zu folgen, sabotierte sie sich jedes Mal wegen der unbewussten Angst, erneut zu Schaden zu kommen.

Von solchen tiefgreifenden Ereignissen lösen wir uns mit der Zwei-Punkt-Methode, indem wir zuerst testen, ob ein solches Ereignis im energetischen System abgespeichert ist. Wenn wir eine Resonanz verspüren, geben wir die Anweisung: „Transformiert." Wir lassen die Welle kommen, und damit ist die Ursache für das Problem beseitigt.

Danach kann man noch testen, ob irgendwelche anderen Blockaden aufgehoben werden müssen. Der weite Oberbegriff „Blockaden" ist bewusst gewählt, um alles zu erfassen, was zum jetzigen Zeitpunkt noch gelöst werden will. Das können restliche Emotionen sein, die wir übersehen haben, oder versteckte Glaubenssätze, Einflüsse von anderen Wesenheiten oder Dimensionen oder aber irgendetwas, wovon man als Mensch keine Vorstellung oder einen Begriff hat. Und doch können sie mit der Weisheit der reinen Geistebene gelöst werden. Dabei gehen wir genauso vor wie schon bei den Emotionen oder Glaubenssätzen. Wir testen einfach, ob es zu diesem Thema noch irgendwelche Blockaden zu lösen gibt, und wenn wir eine positive Resonanz erhalten, transformieren wir die Blockade. Dies wiederholen wir so lange, bis keine Resonanz mehr wahrnehmbar ist.

Nun haben wir von dem jeweiligen Thema alles abgearbeitet, was gegenwärtig an körperlichen, emotionalen, mentalen und seelischen (das heißt ursächlichen) Aspekten gelöst werden kann, und der Transformationsprozess nimmt seinen Lauf.

Ein Beispiel:
Bei manchen kommt es zu einer spontanen Transformation, wie bei einer Österreicherin. Seit 17 Jahren litt sie unter chronischen Rückenschmerzen aufgrund eines Beckenschiefstands, den sie von einer traumatischen Geburt davongetragen hatte. Bereits nach der ersten Zwei-Punkt-Behandlung verstärkten sich ihre Schmerzen zunächst für ein paar Stunden und sie ging früh ins Bett. (Eine Erstverschlimmerung kann manchmal auftreten). Als sie am nächsten Morgen erwachte, waren ihre Schmerzen völlig verschwunden. Das war vor einem Jahr; die Schmerzen sind seitdem nicht wiedergekehrt. Solche Heilungen sind kein Einzelfall. Sie sind ein Grund zur Freude, denn sie zeigen, dass tatsächlich alles möglich ist.

Wenn alles Energie ist, dann gilt das auch für Knochen, verspannte Muskeln, kranke Zellen, Viren und vieles mehr. Diese Fälle machen deutlich, dass Ausmaß, Schwere oder Langwierigkeit einer Krankheit keine Rolle spielen, sondern es einzig und allein von der Bereitschaft der Person abhängt, das Thema jetzt loszulassen. Damit meine ich natürlich nicht die bewusste Verstandesebene. Da würde jeder sagen: „Na klar will ich die Schmerzen los sein." Ich meine den ganzen Menschen mit all seinen unbewussten Wesensteilen und dem gegenwärtigen Entwicklungsstand auf seinem Lebensweg. Meistens bedarf es eines gewissen Bewusstwerdungs- und Integrationsprozesses, bevor man das Thema verabschieden darf. So ein Prozess kann Tage, Wochen oder Monate dauern. Das lässt sich vorher kaum abschätzen, denn wir kennen im Grunde unser eigentliches Problem nicht. Zumeist sehen wir nur die Symptome an der Oberfläche.

Da kommt vielleicht jemand mit einer steifen Schulter zu uns und will von seinem Leiden befreit werden. Dass diese Schultersteifheit auf einem übertriebenen Kontrollzwang beruht, der auf einer unbewussten Angst vor Machtverlust aufbaut, die wiederum durch ein Trauma in früher Kindheit ausgelöst wurde, ist dem Klienten nicht im Geringsten bewusst. Wenn Sie keine medialen Fähigkeiten haben, durchschauen Sie das auch nicht. Außerdem ist die steife Schulter nur eine Ausprägung von mehreren Kontrollthemen in seinem Leben. Er kontrolliert seine Finanzen, seine Beziehungen, seine Gefühle und vieles mehr.

Nach der ersten Zwei-Punkt-Behandlung tut sich zwar etwas bei dem Thema, aber nicht unbedingt dort, wo der Klient es erwartet beziehungsweise erhofft hat. Die Schulter zeigt womöglich überhaupt keine Besserung, während der Mensch hingegen anfängt in seinen Beziehungen weniger Kontrolle auszuüben. Wenn er mit der Zwei-Punkt-Methode weitermacht, wird er Schicht für Schicht sein Thema lösen. Ihm werden wahrscheinlich die Zusammenhänge zwischen Denken und Fühlen klar werden, und vor allem wird er Schritt für Schritt diesen Wandel in seinem Weltbild umsetzen: von einer Angst einflößenden Welt, die man kontrollieren muss, hin zu einer Welt, der man sich vertrauensvoll hingeben kann.

Solche tiefgreifenden Veränderungen vollziehen sich nicht gerade über Nacht, sondern eher über Monate. Auf diese Weise kann die Seele des Menschen das Ganze allmählich verinnerlichen. Die meisten Themen werden also wie eine Zwiebel Schicht für Schicht abgeschält. Meistens merkt der Betroffene schon nach der ersten Behandlung eine Veränderung, entweder fein oder ausgesprochen deutlich. Dann gibt man sich dem Prozess hin, wie er sich gerade zeigt. Welche Schmerzen, Emotionen und störenden Gedanken auch immer auftauchen – alles wird mit Hilfe der Zwei-Punkt-Methode so rasch wie möglich wieder in Fluss gebracht. So bleibt der Betroffene am Thema dran und löst es kurzfristig auf.

Ein weiteres Beispiel:
Schon als Kind hatte meine Frau sehr starke Verdauungsprobleme und aß daher nur wie ein Spatz. Zu Beginn
machten wir eine vollständige Behandlung mit der Zwei-
Punkt-Methode. Daraufhin zeigte sich schon am nächsten
Tag eine Besserung. Sie konnte mehr zu sich nehmen und
leichter verdauen. Von da an befassten wir uns mit dem
Thema so, wie es sich gerade ergab. Wenn sie eine bestimmte Nahrung nicht verdauen konnte, wählten wir
zwei Punkte für die körperlichen Symptome. Gleichzeitig
wurde sie sich über die Emotionen und ihre innere Haltung zu dem Thema immer bewusster. Dabei fiel ihr auf,
dass sie sich oft von den anderen ausgeschlossen fühlte,
da sie ja an einem völlig normalen gesellschaftlichen Ereignis, der gemeinsamen Mahlzeit, entweder gar nicht
oder nur eingeschränkt teilnehmen konnte.

Sie erkannte den Zusammenhang zwischen dem Glaubenssatz „Ich gehöre nicht dazu" und dem Gefühl, ein Au-
ßenseiter zu sein, und der körperlichen Ausprägung, ihrer
Verdauungsstörung. Wann immer solche emotionalen und
mentalen Zusammenhänge ersichtlich wurden, haben wir
sie mit der Zwei-Punkt-Methode aufgelöst und das Thema
fing an zu verschwinden. Sie konnte allmählich immer
mehr essen und immer besser verdauen und die Unver-
träglichkeiten traten immer seltener auf. So verschwand
dieses Thema, das sie über 40 Jahre lang geplagt hatte,
in gerade einmal fünf bis sechs Monaten. Heute kann
meine Frau beinahe von allem eine normale Portion essen.

Aus dem Herzen heraus arbeiten

Wenn wir nun zur nächsten Ebene übergehen, handeln
wir aus dem Herzen heraus. Dabei spielt der Emotionalkörper eine wichtige Rolle.

Unser Emotionalkörper ist ein feinstofflicher Körper. Er umgibt unseren physischen Körper. In ihm spielen sich unsere Gefühle und Emotionen ab. Menschen mit medialen Fähigkeiten, Hellsichtige und spezielle Computerprogramme können diesen Emotionalkörper sehen und deuten. Die meisten Menschen können den Emotionalkörper nur fühlen, und das auch nur in dem Maße, wie sie mit ihren Gefühlen noch verbunden sind.

Bevor wir uns näher mit dem Emotionalkörper befassen, ist es wichtig, eine inhaltliche Definition festzulegen. Nach meiner Auffassung gibt es nämlich einen großen Unterschied zwischen Emotionen und Gefühlen.

Demzufolge entspringen Gefühle unserem wahren Sein, das reine bedingungslose Liebe ist. Die ersten drei Ausdrucksformen dieser wahren Liebe sind Freude, Frieden und Fülle. Auf der Erfahrungsebene des Menschen gibt es dann eine Vielzahl von Variationen und Abstufungen dieser Grundgefühle, wie zum Beispiel Mitgefühl, Kreativität und Zufriedenheit.

Emotionen hingegen sind erst nach der vermeintlichen Trennung entstanden und somit allesamt nicht echt, da die Trennung aus der Einheit nie stattgefunden hat. Die drei Grundemotionen, die nach der Trennung zutage treten, sind Schuld, Angst und Aggression. Daraus entwickeln sich dann unzählige Variationen, wie schlechtes Gewissen, Sorge oder Zynismus.

Diese Unterscheidung zwischen Emotion und Gefühl ist elementar wichtig, wenn wir mit mehr Klarheit unseren Alltag durchschiffen wollen. Wenn wir achtsam sind und erfassen, was wir gerade empfinden, können wir eindeutig sagen, ob wir entweder vom Ego eingefangen oder mit unserer wahren Seinsebene verbunden sind. Dann können wir wählen, ob wir uns weiter mit dem Ego identifizieren oder uns davon lösen wollen.

Ein gutes Beispiel aus dem Alltag ist, wenn ich mit

dem Computer ein Problem habe und dadurch Frustration aufkommt. Dann kann ich mich entweder von dieser Emotion beherrschen lassen oder sie mit der Zwei-Punkt-Methode auflösen. Die Wahl liegt bei mir und bestimmt meinen weiteren Tag.

Auf eine Emotion möchte ich noch ganz besonders eingehen: die Trauer. Sie entsteht aus dem Glauben heraus, von der Liebe abgetrennt zu sein. Deshalb empfindet man meistens dann Trauer, wenn man einen Verlust erfahren hat. Natürlich wäre es unnatürlich, keine Trauer zu empfinden, wenn wir von einem geliebten Menschen Abschied nehmen müssen. Ich mache auch nicht den Vorschlag, die Trauer einfach durch die Zwei-Punkt-Methode aufzulösen. Aber wenn man ganz bewusst beim Erleben der Trauer bleibt, dann fließt sie hindurch; und man erlebt auch immer wieder Freude, weil man den Wesensteil in sich wahrnimmt, der nicht an die Trennung glaubt und eins ist, auch mit der Person, die soeben gestorben ist oder die man verloren hat.

Wenn man auf diese Weise trauert, wird man von ganz allein wieder zu sich zurückfinden. Außerdem wird man auch im Gefühl haben, wann man die Zwei-Punkt-Methode einsetzen mag, um die Trauer aufzulösen. Sollte die Trauer einen übermannen und zu Depressionen oder ähnlichem führen, ist es unbedingt geboten, diese aufzulösen. Denn dann ist aus dem Schmerz Leid geworden. Das liegt an der Identifikation mit dem Ego.

Der Emotionalkörper befindet sich in ständiger Veränderung. Bei ihm wirkt die Umsetzung der Transformation nicht zeitverzögert wie beim physischen Körper. Wenn jetzt in diesem Moment der Energiefluss durch negative Emotionen behindert wird und wir diese Blockade durch die Zwei-Punkt-Methode aufheben, zeigt sich schon nach wenigen Sekunden eine Veränderung im Energiefeld der Emotionen. Dieses Phänomen haben wir mit geeigneter

Software getestet und auf Bildern festgehalten. Andererseits kann der Emotionalkörper auch dauerhaft blockierte Energien aufweisen. Diese Blockaden entstehen aufgrund von festen Glaubensmustern der Person und nicht verarbeiteten emotionalen Traumata.

Ein Beispiel:

Ich erinnere mich noch gut an eine Seminarteilnehmerin, die als Frühgeburt zwei Monate im Brutkasten verbringen musste. Dieses Schockerlebnis hat sich in ihrem Emotionalkörper als „emotionale Wunde" eingegraben. Das Gefühl, nicht gewollt und hinausgeworfen worden zu sein, ist als ständiger Unterton vorhanden und hat sich immer wieder im Äußeren manifestiert. Der Frau passierte es im Laufe der Jahre mehrfach, dass man sie unter Druck setzte und unberechtigt aus ihrer Wohnung warf, weshalb sie dann erst einmal auf der Straße stand. Dies war eine Wiederholung des ursprünglichen Traumas.

Als wir mit der Zwei-Punkt-Methode daran arbeiteten, lösten sich in schneller Abfolge tief sitzende Emotionen wie Trauer, Wut, Hoffnungslosigkeit und Ohnmacht auf. Auch ihr Körper zeigte durch Wahrnehmungen wie Druck, Schmerz sowie ein Ziehen und Stechen an, wo sich diese Emotionen körperlich eingenistet hatten. Sie war außerdem so hellfühlig, dass sie im Mentalkörper wahrnahm, wie sich dort die Glaubenssätze, die mit dem Thema zusammenhingen, ablösten.

Auslöser für die Behandlung mit der Zwei-Punkt-Methode war der Umstand, dass sie wieder einmal ihre Wohnung verloren hatte und bei einem Bekannten auf der Couch schlafen musste. Zwei Tage nach unserer Behandlung besichtigte sie eine schöne Wohnung und obwohl Dutzende von Mitbewerbern da waren, weil in der Gegend Wohnungsknappheit herrschte, entschied man sich für sie.

Im Emotionalkörper ist energetisch alles abgebildet, was wir anhaltend und momentan fühlen. Er spiegelt unsere negativen Emotionen als Energieblockaden und unsere positiven Gefühle als Energiefluss wider. Bildlich zeigt sich das in unterschiedlichen Farben und Mustern. Die Zwei-Punkt-Methode bringt blockierte Energie zum Fließen und eignet sich daher hervorragend zum Lösen negativer Emotionen und emotionaler Traumata.

Im Unterschied dazu ist der Herzensraum, so wie ich ihn wahrnehme, eine Bewusstseinsebene, über die wir uns mit unserer Seelenebene verbinden können. Sie dient insofern als Brücke zur reinen Geistebene. Ich empfinde ihn tatsächlich als einen Raum im meinem Brustkorb, der weit und warm ist und in dem ich immer Frieden, Freude und Verbundenheit fühle, sobald ich mich dafür öffne. Wenn ich in Gedankenspiralen oder in Emotionen feststecke, dann habe ich diese Verbindung verloren.

Unser Herz ist der größte Generator von elektromagnetischer Energie in unserem Körper. Deshalb besteht ein enormer Unterschied darin, ob ich einen Gedanken im Kopf erzeuge oder ihn im Herzen fühle. Dieser elektromagnetische Impuls lässt sich inzwischen sogar messen.

Unser Gehirn sendet solche Impulse an die Umgebung aus, aber das elektrische Feld unseres Herzens soll mehr als hundertmal stärker als das des Gehirns sein und sein magnetisches Feld sogar fünftausendmal.

Empfindet man Wertschätzung, Dankbarkeit und Frieden im Herzen, werden enorm starke Signale erzeugt, die auf Gehirn und Umgebung einwirken. Das machen wir uns bei QCT und der Anwendung der Zwei-Punkt-Methode zunutze. Als nächste Ebene bei der Methode üben wir uns darin, während der Anwendung mit unserer Aufmerksamkeit in unserem Herzen zu sein.

Wie eine Behandlung auf der Herzensebene abläuft:

o Wir beginnen die Behandlung mit der Zwei-Punkt-Methode wie zuvor beschrieben. Von außen betrachtet kann man keinen Unterschied feststellen. Der Vorgang läuft innerlich ab in der Verlagerung vom Kopf ins Herz.

o Wir machen uns wieder bewusst, dass alles Licht und Information ist, verbinden uns über den Ankerpunkt mit der Person und dem Thema und lassen unsere freie Hand den Lösungspunkt finden.

o Von diesem Augenblick an verweilen wir in dem Bewusstsein, dass das zu behandelnde Thema bereits gelöst ist und bedanken uns dafür. Dies können wir zunächst einfach als bloßen Gedanken so hinstellen: „Danke, dass dieses Thema jetzt transformiert ist." Aber Kraft bekommt das Ganze erst, wenn wir es im Herzen als wahr empfinden.

o Wir bringen den Gedanken der Dankbarkeit in unser Herz hinein und fühlen die Dankbarkeit (oder es kann auch Freude sein). Und wir nutzen die Zeit, die verstreicht, bis wir den Lösungspunkt gefunden haben und die Welle völlig ausgelaufen ist, um immer tiefer in diese Dankbarkeit einzutauchen. Je klarer und kraftvoller das Herz-Energiefeld der Dankbarkeit wird, umso besser wirkt die Behandlung.

o Wenn wir merken, dass wir abgelenkt sind, können wir unsere Aufmerksamkeit mit folgendem Gedanken zurückholen: „Danke, dass dieses Thema jetzt transformiert ist." Dadurch konzentrieren wir uns wieder mehr auf das Gefühl und den Herzensraum.

Der Autor Gregg Braden filmte chinesische Heiler bei der Behandlung, wie sie eine todkranke Frau allein durch das Erschaffen eines kraftvollen Energiefeldes der Dankbarkeit aus dem Herzen heraus kurierten. Das Video zeigt den Ultrascanner, auf dem man in Echtzeit beobachten kann, wie der Krebs sich innerhalb von drei Minuten auflöste. Dieses sehr empfehlenswerte Video finden Sie auf *Youtube* unter dem Stichwort „The Science of Miracles – Gregg Braden (6 of 7)" beziehungsweise unter diesem Link:

http://www.youtube.com/watch?v=kXv
PjU0rV74&feature=related

Nun können wir diese eben dargestellte Herangehensweise an die Zwei-Punkt-Methode noch vertiefen. Wenn wir den ersten Resonanzpunkt zum Thema gefunden haben und die Welle durchgelaufen ist, lassen wir unsere Hand ungehindert weiterwandern bis zum Lösungspunkt für die nächste Schicht dieses Themas.

Weiter oben habe ich beschrieben, wie man nach der ersten Zwei-Punkt-Anwendung wieder neu ansetzt und Schicht für Schicht die Emotionen, Glaubenssätze, ursächlichen Ereignisse und Blockaden auflöst. Nun lassen wir uns ganz intuitiv von einem Punkt zum nächsten führen, lösen jedes Mal eine Welle aus und bleiben währenddessen ganz im Herzen in dem Gefühl der Dankbarkeit, dass dieses Thema jetzt bereits gelöst ist.

So können wir völlig mühelos in vier bis fünf Minuten einen Transformationsdurchgang auslösen und dabei immer tiefer in unseren Herzensraum vordringen. Außerdem braucht man für die Behandlung oft nur dreimal so wenig Zeit wie bei der mentalen Ebene.

Wir verlassen uns völlig auf unsere Intuition und unser Gespür. Die Hand kann überall liegen. Wir lassen sie an der jeweiligen Stelle verweilen, bis die Welle vorüber ist und ein Impuls auftritt, der uns veranlasst, mit der Hand weiterzuwandern. Wenn die Welle stärker ausfallen sollte und sich der Empfänger hinsetzen oder hinlegen will, warten wir einfach ab, bis er wieder aufgestanden ist, und setzen die Behandlung dann fort. Erst wenn wir keine

Punkte mehr finden oder deutlich fühlen, dass alles bearbeitet ist, hören wir auf. Indem wir uns geistig im Herzen versenken, verfeinern sich gleichzeitig unsere Intuition, Feinfühligkeit und Medialität.

Diesen Ablauf kann man auch gut auf meinem Video verfolgen:

http://www.qct-seminar.com

Aus dem erweiterten Bewusstsein heraus arbeiten

Vor der Arbeit mit der Zwei-Punkt-Methode rufen wir uns erneut ins Gedächtnis, dass alles nur in unserem Bewusstsein stattfindet, da eine Trennung von der Einheit nie wirklich stattgefunden hat. Jeder Mensch, mit dem wir arbeiten, reflektiert uns einen Teil unserer unbewussten Projektionen.

Wenn wir auf dieser Ebene arbeiten, erweitern wir unser Bewusstsein und erfassen das ganze Thema auf einmal. Zwei Wege führen dorthin, der eine geht wieder über das Herz, der andere über eine erhöhte Wahrnehmung des Energiefeldes.

Wenn wir den Weg über das Herz wählen, fühlen wir das ganze Thema, an dem gearbeitet werden soll. Erst wenn sich dieses Gefühl eingestellt hat, treffen wir die Absicht, den zentralen Lösungspunkt dafür zu finden.

Der zentrale Lösungspunkt ist der Resonanzpunkt, mit dem man alle Schichten des Themas, die jetzt gelöst werden dürfen, auf einmal erfasst und erfolgreich bearbeiten kann.

Nehmen wir den Weg über die energetische Wahrnehmung, tasten wir das Energiefeld der empfangenden Person ab und erspüren die verschiedenen Aspekte des Themas. Erst nachdem wir das Thema in seiner Gesamtheit erfasst haben, fragen wir nach dem zentralen Lösungspunkt.

Den zentralen Lösungspunkt können wir uns so vorstellen wie die Karte von einem Kartenhaus, die das ganze Gebilde zusammenfallen lässt, sobald man sie herauszieht. Das Kartenhaus steht für die verschiedenen Aspekte des bestimmten Themas (Emotionen, Glaubenssätze und so weiter), die bei der Behandlung gelöst werden können. Indem wir den zentralen Lösungspunkt finden, ziehen wir sozusagen die richtige Karte heraus, die die Kettenreaktion bewirkt. Meistens löst man dadurch mehrere Wellen hintereinander aus. Es kann auch durchaus sein, dass sich die Hand während dieser Wellen durch das Energiefeld der Person bewegt. Das ist anders als der Weg über die Herzensebene, wo wir einen Punkt nach dem anderen finden.

Beim Arbeiten mit dem zentralen Lösungspunkt dauert eine Behandlung wesentlich kürzer. Gleichzeitig kann man sie als gutes Übungsfeld zur Erweiterung des eigenen Bewusstseins nutzen.

Die Arbeit mit dem zentralen Lösungspunkt in Kurzform:

o Machen Sie sich klar, dass dieser Raum und diese Person, mit der Sie arbeiten, in Ihrem Bewusstsein existieren. Seien Sie sich bewusst, dass Sie auf geistiger Ebene beide eins seid.

o Legen Sie eine Hand auf ein Kraftzentrum oder eine Körperstelle, um einen Ankerpunkt für das Thema zu haben.

o Nehmen Sie sich genug Zeit, das Thema der Person in seiner Gesamtheit zu erfassen. Entweder dehnen Sie Ihre innere Wahrnehmung so sehr aus, dass Sie alle Aspekte des Themas fühlen, sehen oder anderweitig wahrnehmen können, oder Sie gehen ins Innerste Ihres Herzens hinein und fühlen das vollständige Thema.

75

o Wenn Sie das Thema in vollem Umfang wahrnehmen, Lassen Sie Ihre Hand von Ihrer Intuition zum zentralen Lösungspunkt geführt werden.

o Während Sie sich zu diesem Lösungspunkt leiten lassen, sind Sie mit Ihrer Aufmerksamkeit gleichzeitig beim Ankerpunkt und bei der „suchenden" Hand.

o Den Lösungspunkt finden Sie rein intuitiv, irgendwo am Körper oder in seinem Energiefeld.

o Sie haben den Lösungspunkt gefunden, wenn Sie eine veränderte Wahrnehmung in der „suchenden" Hand spüren. Das kann sich in einem Ziehen, Druckgefühl, Wärme oder einem leichten Kribbeln äußern.

o Sie bleiben mit der Hand auf dem Lösungspunkt und geben sich einfach dem Gefühl der Dankbarkeit hin, dass dieses Thema nun vollkommen aufgelöst ist. Dann erlauben sie der Welle oder den Wellen zu kommen und folgen der Energie, wie auch immer sie sich zeigt. Vielleicht wandert Ihre Hand zu verschiedenen Punkten hin oder sie verweilt am ersten Punkt, während mehrere Wellen hintereinander durchlaufen.

o Sie werden spüren, wie sich eine Welle aufbaut. Sie begeben sich in Ihren innersten Herzensraum und fühlen Dankbarkeit und Wertschätzung, weil das Thema bereits gelöst oder die Heilung bereits geschehen ist, und Sie erleben die Welle!

Fernbehandlung

Wir können QTC und die Zwei-Punkt-Methode auch bei einer Fernbehandlung einsetzen. Ob der Empfänger vor der Behandlung erst zustimmen muss, daran scheiden sich die Geister. Einige Anwender meinen, man dürfe mit der Zwei-Punkt-Methode durchaus ohne das Wissen der empfangenden Person arbeiten, weil das, was geschieht, von der reinen Geistebene gelenkt werde und deshalb nur positiv sein könne. Ich persönlich hole vorher lieber das Einverständnis ein. Ausgenommen sind Situationen, bei denen die Erlaubnis gewiss ist, wie etwa bei meinen eigenen Kindern, Schülern, die ich als Lehrer unterrichte, oder einem Notfall, bei dem ich Hilfe leisten muss. Aber letztendlich muss das jeder für sich entscheiden und dann mit den Konsequenzen dieser Entscheidung leben.

Wie eine Fernbehandlung abläuft:

o Stellen Sie sich vor, dass jemand, mit dem Sie arbeiten möchten, direkt vor Ihnen steht. Vergessen Sie, dass sich diese Person an einem anderen Ort aufhält; tun Sie einfach so, als ob sie jetzt körperlich anwesend wäre. Sobald wir an einen Menschen denken, verbinden wir uns automatisch mit ihm. Denken wir jedoch, dass er weit weg ist, stecken wir in der alten dreidimensionalen Welt fest.

o Stellen Sie sich einfach diesen Menschen hier vor und er ist Ihnen ganz nah. Behalten Sie dies im Hinterkopf, das stellt die Verbindung her.

o Dann arbeiten Sie so mit dieser Person, als wäre sie wirklich in diesem Moment bei Ihnen. Sie fühlen die Punkte und die Wellen genauso wie bei einer körperlich anwesenden Person.

o Sie können auf jeder gewünschten Ebene arbeiten. Entweder Sie lösen nacheinander diverse Schichten ab, oder Sie gehen intuitiv von Punkt zu Punkt, oder Sie finden gleich den zentralen Lösungspunkt.

Gruppenbehandlung

Jede Menschengruppe formt automatisch ein Gruppenenergiefeld. Egal ob es sich um eine vierköpfige Familie, die Abteilung in einer Firma mit 20 Mitarbeitern, eine Seminargruppe mit 100 Teilnehmern oder eine große Unternehmensgruppe mit an die 15.000 Beschäftigten handelt. Mit so einem Gruppenenergiefeld können wir genauso gut arbeiten wie mit einer einzelnen Person, die eine Fernbehandlung erhält. Wenn uns zum Beispiel auffällt, dass es in der Familie Unfrieden gibt, unter den Mitarbeitern in der Abteilung Mobbing vorherrscht, die Seminarteilnehmer unkonzentriert sind, in der Schulklasse viele Kinder eine Lernblockade haben oder der ganze Konzern keine Bestleistung erbringt, dann setzen wir bei den Symptomen an, die sich uns darbieten, und lösen diese genauso auf, als wenn sie eine einzelne Person betreffen würden.

Wir wählen einen beliebigen Punkt im freien Raum, über den wir uns mit dem Energiefeld der Gruppe verbinden. Wir definieren das Thema, wie etwa die Lernschwierigkeiten der Schüler, und lassen dann den Lösungspunkt von unserer freien Hand finden. Wir fühlen die einsetzende Welle genauso wie bei einer einzelnen Person. Wir können auf allen QCT-Ebenen arbeiten oder mental einzelne Schichten lösen.

Selbstanwendung

Natürlich eignet sich die Zwei-Punkt-Methode auch zur Anwendung bei sich selbst. Mit QTC sind Sie völlig eigenständig und haben viele Möglichkeiten an der Hand, um ein gesundes und glückliches Leben in Freiheit und Selbstbestimmung zu führen.

Wie die Selbstanwendung abläuft:

o Wählen Sie ein Kraftzentrum als Ankerpunkt aus, zum Beispiel das Herzchakra oder den Solarplexus. Definieren Sie das Thema, das Sie bearbeiten wollen, wie etwa Schulterschmerzen.

o Finden Sie den Resonanzpunkt zur Lösung dieses Themas an Ihrem Körper oder in Ihrem Energiefeld.

o Formulieren Sie Ihre Intention, dass das Thema jetzt gelöst ist, und lassen Sie die Welle kommen.

o Arbeiten Sie an sich selbst so, wie Sie mit einem anderen Empfänger arbeiten würden.

o Sie können Ihre Arbeit auf jeder Ebene vornehmen, das heißt, entweder indem Sie nacheinander diverse Schichten ablösen oder intuitiv von Punkt zu Punkt gehen oder den zentralen Lösungspunkt herausfinden.

Position bei der Selbstanwendung: eine Hand ist auf einem Kraftzentrum (zum Beispiel auf dem Herzchakra), die andere Hand findet den Lösungspunkt am Körper oder im Energiefeld.

Dieser Ablauf lässt sich auch gut auf meinem Video verfolgen:

http://www.qct-seminar.com

Integration

Transformation ist nur eine Seite der Medaille bei dieser Arbeit, die andere heißt Integration.

Wie bereits gesagt, leben wir in einem Universum voller Energie, und Energie ist Information. Jede Frequenz trägt eine bestimmte Information in sich. Wenn zwei Frequenzmuster aufeinander treffen, findet eine Vermischung, also eine Informationsübertragung statt. Dies kann auf körperlicher Ebene geschehen, indem man zum Informationsmuster – genannt „Körper" – ein anderes Informationsmuster – genannt „Medikament", „Heilkraut" oder „Globuli" – hinzufügt. Das Ganze kann auch nur auf energetischer Ebene stattfinden. Die Wirkung ist dieselbe.

Mit der Zwei-Punkt-Methode haben wir ein ideales Werkzeug an der Hand, um gezielt nützliche Informationen in unser ganzes System zu integrieren.

Damit man die Wirkungsweise besser versteht, kann das Internet als Vergleich dienen. Weltweit werden in unvorstellbarer Menge Informationen von diversen Servern bereitgestellt. Diese Informationen können jederzeit von jedem internetfähigen Computer aus abgerufen werden. Wir brauchen lediglich eine Software und eine Suchmaschine, in die wir unseren Suchbegriff eingeben, und schon tauchen die gewünschten Links auf. Wenige Sekunden später haben wir die Information auf unserem Rechner verfügbar.

Genauso funktioniert das Universum. Es stellt enorme Mengen an Informationen zur Verfügung, genauso wie die Internetserver. Wir gleichen einem Anwender, der mit seinem Computer im Universum herumsurft. Unsere Absicht, eine bestimmte Information in unser System einzuspeisen, wirkt wie die Eingabe in einer Suchmaschine. Die Zwei-Punkt-Methode entspricht dem Klick auf den ange-

zeigten Link, um die gewünschte Information herunter-
zuladen. Sekunden später ist die Information in unserem
System integriert und beginnt zu wirken.

Auch bei der Integration können wir – wie bei der
Transformation – auf drei verschiedenen Ebenen arbeiten.
Wenn wir auf der ersten Ebene die verschiedenen Schichten wie Emotionen, Glaubenssätze und so weiter gelöst
haben, können wir nun diverse Energieformen in uns aufnehmen, die den Transformationsprozess beschleunigen
und unterstützen.

Hierfür eignet sich sehr gut eine Liste mit nützlichen
Dingen. Wir können diese auch einzeln durchtesten, um
herauszufinden, was gerade jetzt eine besonders positive
Wirkung hat.

Nachfolgend ein paar Anregungen für Ihre Liste:
o homöopathisches Mittel
o Bachblüten
o Schüßler Salze
o Heilsteine
o Heilkräuter
o geometrische Formen oder Symbole
o positive Eigenschaften
o positive Glaubenssätze
o ....

Diese Liste ließe sich unendlich fortsetzen. Wir können
eine Sache nehmen, mit der wir uns gut auskennen, oder
irgendetwas, das uns gerade in den Sinn kommt.

Darin habe ich auch den Punkt „positive Eigenschaften" aufgeführt. Damit ist die Integration von Wesenszü-
gen wie etwa Geduld, Kontaktfreudigkeit, Gemeinschafts-
sinn gemeint. In bestimmten Lebenslagen können solche
Eigenschaften durchaus erstrebenswert sein.

Wenn wir zuvor begrenzende Glaubenssätze aufgelöst

haben, können wir nun unterstützende Glaubenssätze integrieren. Diese müssen nicht unbedingt ausgesprochen werden. Genauso wie wir vorher einfach beim Testen die negativen Glaubenssätze aufgespürt und gelöscht haben, ohne sie zu benennen, können wir es bei der Integration der positiven Glaubenssätze handhaben.

Wie die Integration abläuft:

o Sobald alles transformiert ist, was sich zum gegenwärtigen Zeitpunkt auflösen lässt, gehen wir ohne Umschweife zur Integration über.

o Der Empfänger ist wie zuvor gedanklich bei seinem Thema, der Anwender lässt immer noch die Hand auf dem Ankerpunkt, zum Beispiel auf der Schulter ruhen und verbindet sich mit dem Thema.

o Entweder testet der Anwender nun die Liste durch und integriert die jeweilige Information, wo auch immer er eine Resonanz verspürt. Er könnte sich zum Beispiel mit seiner freien Hand langsam auf den Solarplexus des Empfängers zu bewegen und dabei in Gedanken die Frage stellen: „Können Bachblüten hier helfen?" Nimmt er eine Resonanz wahr, bevor seine Hand den Körper des Empfängers berührt, heißt das ja.

o Nun setzt der Anwender die Intention: „Dieses Heilmittel integrieren."

o Wir spüren die Welle und lassen sie auslaufen. Dann macht der Anwender mit dem nächsten Punkt weiter. Bei Arzneimitteln wie Bachblüten oder Homöopathie können wir alle einzeln abfragen, was allerdings sehr zeitaufwändig wäre. Einfacher ist die bloße Intention: „Die richtige Bachblüte integrieren."

o Eine andere Art, das richtige Mittel oder Information zu finden, ist das Vertrauen auf seine Intuition. Anstatt eine womöglich ellenlange Liste abzufragen, stellt sich der Anwender im Geiste die Frage: „Was nützt jetzt?"

Dann hört, sieht oder fühlt er die Antwort. Sobald er diese Information erhalten hat, integriert er sie.

Ein Beispiel:

Hat der Behandler intuitiv die Eingebung, dass die Schwingung eines Amethystes gut wäre, setzt er die Intention: „Amethyst integrieren". Dabei lässt er seine freie Hand zum Integrationspunkt wandern. Wenn er diesen Integrationspunkt fühlt, bleibt er dort bis die Welle vorüber ist. Der Integrationspunkt ist der Resonanzpunkt im Energiefeld der empfangenden Person, der den Impuls auslöst. Genauso wie der Lösungspunkt eine Transformation bewirkt, so löst der Integrationspunkt die Integration von Informationen aus.

Diese Vorgehensweise bietet eine sehr gute Gelegenheit zur Entwicklung und Stärkung der eigenen Intuition. Manchmal steigen dabei auch Bilder auf, die eher als Symbol zu verstehen sind. Wenn der Anwender zum Beispiel einen Baum vor seinem inneren Auge sieht, geht es vielmehr um Energien, die eine erdende Wirkung auf den Empfänger haben, oder wenn ein Pferd erscheint, hat das mit Kraft oder Ausdauer zu tun. Solche Sinnbilder sind also nicht wörtlich zu nehmen. Sie können diese auch nach der Behandlung dem Empfänger mitteilen, um damit den Transformationsprozess noch besser verständlich zu machen.

Die zweite Ebene der Integration funktioniert im Grunde genommen wie bei der Transformation.

Dazu muss der Anwender weder eine Liste abfragen noch auf Bilder oder Begriffe warten, die ihm die Eingebung liefert. Der Behandler trifft einfach nur die Absicht, dass alle nützlichen Ressourcen integriert sind. Mit Ressourcen sind alle, den Transformationsprozess unterstützenden, Informationen gemeint. Der Behandler lässt die freie Hand den ersten Resonanzpunkt finden und lässt sie weiterwandern. Währenddessen fühlt er im Herzen die Dankbarkeit, weil alle diese Informationen bereits integriert sind. Wenn die Hand zu keinem Punkt mehr hingezogen wird, beendet man die Integration.

Ein anderer Weg zur Integration läuft genauso ab wie bei der Arbeit mit dem zentralen Lösungspunkt. Der Anwender setzt die Intention, dass alle hilfreichen Ressourcen zugleich integriert sind, und lässt seine freie Hand zum zentralen Integrationspunkt wandern. Dieser Punkt kann eine Reihe von Wellen auslösen, weil etliche Informationen integriert werden. Das eine Mal wandert die Hand weiter und ein anderes Mal bleibt sie am zentralen Integrationspunkt liegen. Wenn alle Wellen abgeebbt sind, ist die Integration beendet.

Tipp:
Zum Abschluss einer Behandlung integriere ich immer noch das zukünftige Selbst der Person, welches das jeweilige Thema auf ideale Weise transformiert hat.

Wir erleben Zeit als chronologische Abfolge zwischen A und B, von der Vergangenheit über die Gegenwart bis in die Zukunft. Das ist aber bloß unser persönlicher Eindruck. In Wahrheit kann man die Zeit mit einem unendlichen Feld mit etlichen Koordinaten vergleichen, das alle möglichen Erlebnisse bietet.

Nehmen wir ein Computerspiel als Entsprechung. Wir können eine CD-ROM mit einem Schachspiel in den Computer einlegen und dann eine Partie gegen den Rechner beginnen. Jeder einzelne Zug, den ein Spieler beim Schach vornehmen kann, ist auf der CD abgespeichert. Aber erst durch unsere individuellen Entscheidungen, das heißt, die Züge, die wir machen, erleben wir ein Schachspiel von Anfang bis Ende. Dabei existieren schon alle möglichen Realitätsebenen nebeneinander, wie dieses Schachspiel ausgehen könnte, und zwar bevor ich überhaupt den ersten Bauern geführt habe, während die Partie in Gange ist und sogar noch bis zum letzten Zug.

Bezogen auf unser Thema – den Abschluss einer Behandlung – bedeutet das, dass die Person, die nun den Transformationsprozess beginnt, verschiedene mögliche Erlebnisse in der Zukunft haben kann, je nachdem welche Entscheidungen sie entlang des Weges trifft. Geht sie mit der idealen Entwicklung des Prozesses mit oder blockiert sie immer wieder? Mit „ideal" ist hier gemeint, im Einklang mit unserem Lebensplan.

Wenn wir die Person fragen, wird sie wahrscheinlich sagen: „Ich möchte das Problem heute gelöst haben." Die Realität für die meisten Menschen sieht aber so aus, dass sie noch etwas Zeit benötigen, um das Thema Schritt für Schritt zu lösen und dabei innerlich zu wachsen.

Wenn man sich aber auf diesen Prozess einlässt und nichts blockiert, wird man so schnell, wie es im Gesamtbild möglich ist, dieses Thema transformieren. Das verstehe ich unter dem idealen zukünftigen Selbst.

Wie die Integration vom zukünftigen Selbst abläuft:

o Der Anwender ist mit dem Thema verbunden und setzt innerlich die Intention: „Mit dem idealen zukünftigen Selbst verbinden." Dabei lässt er seine freie Hand zum Integrationspunkt wandern.

o Er bleibt so lange beim Integrationspunkt, bis die Welle durchgelaufen ist.

o Manchmal kommt es auch vor, dass die Hand dabei zum Körper wandert. Diese Verbindung zum zukünftigen Selbst, das das Thema bereits ideal gelöst hat, dient als energetischer Anker, der die Person wie ein Magnet in die gewünschte Richtung zieht. Wir erschaffen sozusagen eine sich selbst erfüllende Prophezeiung.

Teil 3

Die Umsetzung im Alltag

Praktizierte Spiritualität

Sehr liebe Freunde von mir praktizieren seit Jahren die Umsetzung des Buches „Ein Kurs in Wundern" und haben durch ihre hingebungsvolle Integration der Kursprinzipien eine bewundernswerte Tiefe an Harmonie, Freude und Liebe in ihrem Leben erreicht. Als ich einmal bei ihnen zu Gast war, entdeckte ich einen Leitsatz des Kurses, der am WC-Spiegel angebracht war: „Du bist reiner Geist. Frei und unschuldig. Alles ist vergeben und aufgelöst." Das ist typisch für meinen Freund. Sogar die Zeit auf dem stillen Örtchen nutzt er, um sich an seine Göttlichkeit zu erinnern. Aber ein wirklich praktischer Hinweis kam ein paar Tage später von seiner Frau, die plötzlich unter den Leitgedanken folgenden Zusatz geschrieben hatte: „Aber trotzdem Klobürste benutzen – danke."

Das Seelenwachstum und spirituelle Leben können also durchaus mit humorvoller Leichtigkeit vor sich gehen. In meinen Augen ist dieses Kriterium sogar am Wichtigsten bei der Wahl des Weges. Wenn kein Humor, keine Leichtigkeit und Freude damit verbunden sind, würde ich diesen Weg niemals gehen.

Schauen wir uns nun ein paar Beispiele aus dem praktischen Leben an, damit Sie sehen, wie wir mit der Zwei-Punkt-Methode auf freudige Weise immer freier werden können.

Gesundheit

Gesundheit ist weniger eine Frage der körperlichen Verfassung, die von Erbanlagen, Ernährung, Bewegung oder Umweltbelastungen abhängt, sondern vielmehr eine Frage des eigenen Bewusstseins und der Transformation von Energieblockaden.

Somit lässt sich Gesundheit auf eine ganz einfache Formel bringen: Wir sind gesund, wenn die Energie im Fluss ist, und werden krank, wenn sie stagniert.

Dies mag allzu einfach klingen, aber wenn wir die Sache mit Abstand betrachten, fällt uns auf, dass es tatsächlich so einfach ist. Dass Gedanken energetische Schwingungen sind, die sowohl unser Fühlen als auch unsere Körperfunktionen und sogar alles Materielle beeinflussen können, ist mittlerweile bekannt. Die Fülle der Erkenntnisse reicht vom Placebo-Effekt und psychosomatischen Krankheiten über Telekinese bis hin zu Wasserkristallen, die mit Gedankenkraft verändert wurden, und vieles mehr.

So betrachtet sind alle unsere körperlichen Beschwerden ein und dasselbe: blockierte Energie, die wir mit der Zwei-Punkt-Methode wieder zum Fließen bringen.

Bei der Anwendung gehen wir immer gleich vor. Zuerst definieren wir das Thema (Schnupfen, verstauchter Knöchel, Krebs, Multiple Sklerose, Sehschwäche und so weiter). Diese Liste kann unendlich fortgesetzt werden, und es spielt keine Rolle, um was es sich handelt. Für uns ist es einfach nur blockierte Energie. Dann führen wir eine vollständige Behandlung durch, entweder auf QC-I-, II- oder III-Ebene und integrieren die Ressourcen (Hilfsquellen) sowie das ideale zukünftige Selbst. Danach lassen wir den Transformationsprozess und wenden bei allem, was auftaucht, die zwei Punkte an. Bei chronischen Beschwerden setzen wir jeden Tag die zwei Punkte auf das allgemeine Thema an und auf die Emotionen oder negativen Gedanken, die sich gerade zeigen. Je tiefer die Schichten des Themas und je konsequenter wir die Zwei-Punkt-Methode einsetzen, umso schneller lösen wir das Thema auf. Wenn wir das Thema von höherer Warte aus betrachten wollen, können wir auf „Ein Kurs in Wundern" zurückgreifen. Darin wird Krankheit nur als Widerstand gegen die Wahrheit angesehen, da wir reiner Geist sind und als solcher gar nicht krank werden können. Eine echte Heilung kann somit nur im Geiste stattfinden.

Ein Beispiel:
Eine Seminarteilnehmerin litt unter Magengeschwüren, die teilweise sehr schmerzhaft waren. Nach der ersten Behandlung linderten sich die Schmerzen deutlich. Sie machte weiter und führte regelmäßig morgens und abends eine Eigenbehandlung durch, indem sie zwei Punkte auf das Thema Magengeschwür ansetzte und dann tagsüber darauf achtete, was sich emotional und mental bei ihr tat. Schnell fing sie an, die Dinge um sich herum bewusster wahrzunehmen. Ihr fiel auf, dass sie einen Großteil der schlechten Laune ihres Mannes aufnahm, weil sie sich schuldig für seine Launen fühlte. Sie konnte regelrecht spüren, wie sie die negative Energie „herunterschluckte" und diese ihr auf den Magen schlug. Als ihr dieser unbewusste Mechanismus einleuchtete, löste sie immer dann ihr Schuldgefühl mit der Zwei-Punkt-Methode auf, sobald sich diese Situation wiederholte. Sie begann sich besser zu fühlen, nicht nur körperlich, sondern auch emotional, und dann kamen die nächsten Schichten an die Reihe. Je mehr Schuldgefühle sie abbaute, umso häufiger kam unvermittelt Wut hoch. Genau diese Wut, die sie sonst heruntergeschluckt und in sich hineingefressen hatte, bis sie sich schließlich als Magengeschwür ausgeprägt hatte.

Manchmal konnte sie die Wut gar nicht bändigen und richtete sie das erste Mal im Leben nach außen – gegen ihren Mann. Das war für sie der erste Schritt in die Freiheit. Später lernte sie, die Wut mit Hilfe der Zwei-Punkt-Methode zu transformieren. Dadurch kam sie ihrer wahren Freiheit wesentlich näher. Innerhalb von drei Monaten ging ihr Magengeschwür zurück und war schließlich ganz verschwunden.

Übung:
Nehmen Sie sich jedes körperliche Thema vor, egal ob
groß oder klein, ob Krankheit, akute Schmerzen oder Unfall, und machen sich bewusst, dass es nur die Spitze
eines Eisbergs ist. Unter dieser obersten körperlichen
Schicht liegen immer Emotionen, Gedankenmuster, ursächliche Ereignisse und sonstige Blockaden. Erst wenn
diese aufgelöst wurden, kann das körperliche Symptom
verschwinden. Gehen Sie ganz konsequent vor, so werden
sich am schnellsten Ergebnisse zeigen.

Ernährung

Ernährung ist ein wichtiges Thema, das viele Auswirkungen auf unsere Gesundheit hat und auf das wir selbst
Einfluss haben. In den vergangenen 20 Jahren habe ich
sehr viele verschiedene Ernährungsweisen ausprobiert:
vegetarische und vegane Ernährung, Makrobiotik, Ayurveda, Ernährung nach den fünf Elementen, Rohkost und
sogar Lichtnahrung. Alle diese Erfahrungen waren interessant und lehrreich. Ich habe die Erfahrung gemacht,
dass mein Körper keine feste Nahrung braucht, nicht einmal Wasser, um zu funktionieren. Durch den Lichtnahrungsprozess und diverse Diäten ist mir überaus deutlich
geworden, dass wir vorwiegend aus emotionalen und gesellschaftlichen Gründen essen.

Gleichzeitig habe ich erkannt, dass eine Ernährungsphilosophie oft zu starr befolgt wird. Dann verfehlt sie
meiner Meinung nach ihren Sinn. Mir persönlich geht es
darum, mit der geeigneten Ernährung meinen Energiehaushalt ideal aufrechtzuerhalten, womit ich eine größere
Freiheit im Innern erreiche. Wenn ich dogmatisch nach
irgendeiner Philosophie lebe – und sei sie noch so gut –,
dann bin ich alles andere als frei. Viele Dinge essen wir

nur, weil es uns zur Gewohnheit geworden ist, wir von bestimmten Inhaltsstoffen abhängig geworden sind oder die Gesellschaft es so vorgibt und wir dazugehören wollen. Wenn wir diese Einflussebenen auflösen, kommen wir an unser natürliches Körperbewusstsein heran, das immer genau weiß, was uns jetzt gerade gut tut. Dann brauchen wir gar keine Ernährungslehre mehr, sondern spüren jeden Augenblick, welche Nahrung in welcher Menge uns bekommt. Wenn wir in unserer Mitte ruhen, gönnen wir uns den Genuss einer gesunden und wohlschmeckenden Kost. Andernfalls lenken wir uns weiterhin durch Süchte, Kompensationsverhalten und Gruppenzwänge ab. Das Ganze ist natürlich eine fortwährende Entwicklung. Ich setze mich nicht mehr unter Druck, indem ich perfekt sein will. Außerdem berücksichtige ich die Umstände. Esse ich zum Beispiel unterwegs in einem Restaurant oder bei Freunden, passe ich mich eben an. Sollte ich dann ein Essen nicht gut vertragen, transformiere ich ganz einfach dieses Unwohlsein. Außerdem ist mir das Essen in netter Umgebung für mein seelisches Wohlbefinden genauso wichtig wie die Beschaffenheit des Essens für meinen Körper.

Ein Beispiel:

Wenn ich zu Hause bin und meinen Rhythmus selbst bestimmen kann, beginne ich den Tag am liebsten mit einem großen Glas Wasser und ein paar Vitalstoffen, gefolgt von einem langen Spaziergang oder einer Runde Jogging. Danach gehe ich zu meiner kreativen Arbeit über, in der Regel Schreiben oder erstellen von Strukturen für Projekte, und sobald ich etwas Hunger verspüre, esse ich eine Kleinigkeit.

Manchmal habe ich schon gleich nach dem Sport Hunger und ein anderes Mal erst zwei bis drei Stunden später. Dann achte ich einfach auf meinen inneren Impuls, was mich anspricht. Das kann ein Stück Obst sein, Müsli, ein Spirulina-Shake oder Spiegeleier mit Schinken. Da habe ich keine festen Vorstellungen, sondern lasse mein Bauchgefühl entscheiden.

Wenn ich in meiner Mitte bleibe und wie oben beschrieben vorgehe, fühle ich mich körperlich fit, bin gewahr, kann alles, was ich will, in Maßen essen und lasse mich nicht von Süchten oder Gewohnheiten verleiten. Das kriege ich zwar nicht immer hin, aber immer öfter. Sicherlich spielen auch der gesellschaftliche Faktor und Spaß eine Rolle. Ich genieße gern ein schönes, ausgedehntes Essen mit Freunden, inklusive einer guten Flasche Wein. Aber am nächsten Tag laufe ich dafür eine Extrarunde und esse wieder leichtere Kost, so wie es mir mein Körper als richtig empfiehlt. Ich glaube, dass man in Maßen alles vertragen kann und für einen gesunden Körper Lebensfreude genauso wichtig ist wie richtiges Essen.

Übung:

Schauen Sie sich einmal Ihre Essgewohnheiten genau und ohne Werturteil an. Machen Sie sich lediglich ein Bild davon, wie Sie mit diesem Thema umgehen und ob Sie sich von Ihren Essgewohnheiten beherrschen lassen.

Haben Sie feste Ansichten über Ernährung und das, was gesund ist? Weichen Sie so gut wie nie davon ab, mit anderen Worten, sind Sie auf diesem Gebiet dogmatisch?

Ist Ihnen gesundes Essen völlig egal und leiden Sie lieber unter den Folgeerscheinungen (Verdauungsprobleme, Völlegefühl, Übergewicht)? Dann sollten Sie vielleicht einmal in sich hineinhorchen, warum Sie sich selbst so wenig schätzen, weil Sie sich die Freude an einem gesunden Körper versagen.

Welche ungesunden Sachen essen Sie nur, weil die anderen es auch tun und Sie nicht aus der Reihe tanzen oder anecken wollen?

Von welchen Genüssen sind Sie abhängig (Schokolade, Kaffee, Alkohol, Geschmacksverstärker in Fertiggerichten)? Nun wagen Sie ein kleines Experiment: Ändern Sie eine Woche lang eine alte Gewohnheit, zum Beispiel essen Sie zum Frühstück Obst statt Marmeladenbrot, oder Sie lassen die Tasse Kaffee weg, oder Sie essen etwas Vegetarisches, auch wenn ihre Freunde Currywurst bestellen. Beobachten Sie einfach, was geschieht und wie Körper und Seele reagieren.

Es kann sein, dass über kurz oder lang Entgiftungserscheinungen bei Ihnen auftreten, psychische Entzugserscheinungen oder Ihre Mitmenschen dumme Bemerkungen machen. All das können Sie mit der Zwei-Punkt-Methode auflösen, auch Ihre eigenen Reaktionen auf die Kritik von außen. Dann schauen Sie sich an, was sich nach der einen Woche verändert hat. Fühlen Sie sich leichter oder besser, zentrierter, mehr in Einklang mit sich selbst? Haben Sie wertvolle Einsichten über Ihre Gewohnheiten, Abhängigkeiten und Zwänge gewonnen?

Wäre es nicht großartig, dieses Experiment zu erweitern, mehr Veränderungen anzustoßen und so noch mehr Freiheit und Wohlbefinden zu erlangen?

Wenn Sie schon sehr auf Ihre Gesundheit achten und nur noch ein paar kleine Schwächen haben, geben Sie sich einen Ruck und machen eine einwöchige Diät. Dadurch stellen Sie den nötigen Abstand zu diesen Suchtmitteln oder Gewohnheiten her und bearbeiten dann mit der Zwei-Punkt-Methode die Ebene, die dahinter steckt und Ihnen bewusst wird.

Wenn Sie sich nach strengen Vorgaben ernähren und niemals sündigen, dann schauen Sie sich bitte den Film „Chocolat" an. Und danach schlemmen Sie eine Woche lang – aber ordentlich.

Süchte

Bei einer Sucht sollte man erst einmal fest dazu entschlossen sein, sie wirklich aufzugeben. Sonst kommt es nur zu einem ewigen Hin und Her. Dann beginnen wir mit einer vollständigen Behandlung und setzen zwei Punkte auf die jeweilige Sucht an. Danach lösen wir die Entzugserscheinungen auf, sobald sich welche einstellen. Auf diese Weise lassen sich alle Süchte ziemlich rasch und schmerzlos auflösen. Die Betonung in diesem letzten Satz liegt auf „ziemlich rasch" und „auflösen". Bitte bedenken Sie, dass wir in einer Gesellschaft der Süchte leben. Abgesehen von den illegalen Drogen, die nur wenige Randgruppen konsumieren, greifen fast alle von uns auf eine oder oft mehrere Suchtmittel zurück, die von der Gesellschaft geduldet werden. Zum normalen Tageskonsum eines Durchschnittsmenschen gehören Kaffee, Zigaretten, Zucker, Alkohol, Fernsehen, Shoppen, Internet (Spiele, Chatten, Surfen) und vieles mehr.

In meinen Augen bringt es unterm Strich nichts, wenn ich eine Sucht gegen eine andere eintausche. Habe ich mit Ach und Krach das Rauchen aufgegeben, aber futtere stattdessen tütenweise Gummibärchen oder lenke mich stundenlang mit Computerspielen ab, stehe ich keinen Deut besser da. Ich bewege mich immer noch innerhalb der Grenzen meines Suchtprogramms und habe nur die Erscheinungsform gewechselt.

Was ich wesentlich interessanter finde, ist, die geistige Anhaftung an das Suchtverhalten aufzulösen. Das beginnt im Kopf mit dem Trennungsgedanken. Wenn ich mich von der restlichen Welt als abgetrennt erlebe, fühle ich sofort einen Mangel. Diesen Mangel möchte ich dann mit einem angenehmen Gefühl ausgleichen. An dieser Stelle kommt die Sucht ins Spiel. Ich suche mir irgendeine Tätigkeit (Shoppen, Spielen, Sex und so weiter) oder einen Stoff (Alkohol, Zucker, Schokolade, Zigaretten, Kokain und so weiter), die mir ein Hochgefühl schenken und das Mangelgefühl vorläufig überlagern. Von nun an bin ich von dieser äußeren Stimulation abhängig, um mich gut zu fühlen, und habe mich der Sucht ausgeliefert. Dabei ändert es überhaupt nichts, einen Stoff oder ein Verhalten gegen etwas anderes einzutauschen. Auch wenn es gesünder sein mag, jeden Tag für den jährlichen Marathonlauf zu trainieren und sich dabei den Endorphinschub zu holen.

Ein Beispiel:
Bei dem Thema Sucht geht es mir also darum, mich innerlich vom Suchtmechanismus überhaupt zu befreien. Ich möchte alles tun können, aber nichts tun müssen. Wenn ich ab und zu Lust auf eine Zigarette habe, ohne von einer Sucht danach getrieben zu sein, bin ich frei. Wenn ich mich willentlich dazu zwinge, mit dem Rauchen aufzuhören, dann aber keine einzige Zigarette anfassen darf, weil ich sofort wieder rauchen würde, bin ich tatsächlich ein latenter Raucher. Als vermeintlicher Nichtraucher bin ich genauso unfrei wie als Raucher. Ich gehe deshalb so sehr auf dieses Thema ein, weil es um immer subtilere Ebenen geht. Ich beobachte meine Sucht und löse mich Schicht für Schicht vom gesamten Thema ab.

Übung:
Seien Sie ehrlich zu sich selbst und gestehen sich Ihre Süchte ein. Treffen Sie die feste Entscheidung, eine von diesen Süchten loszulassen. Setzen Sie sich einen Termin (es muss nicht unbedingt der 1. Januar sein) und tun Sie es einfach. Behandeln Sie sich selbst mit der Zwei-Punkt-Methode wie oben beschrieben und durchlaufen Sie diesen Prozess ganz bewusst. Selbst wenn Sie nicht durchhalten, werden Sie doch wertvolle Einsichten über Ihre Persönlichkeit erhalten und wie es um Ihre innere Freiheit bestellt ist.

Beziehungen und Sexualität

Bei unseren menschlichen Erfahrungen stehen vor allem Beziehungen im Mittelpunkt. Dieses Thema scheint überaus vielschichtig zu sein, da wir eine Menge Beziehungen haben und manche sehr kompliziert oder verwickelt sein können. Die Wahrheit jedoch ist: Wir haben nur eine einzige Beziehung, nämlich zu uns selbst. Die Beziehungen im Außen spiegeln uns nur unterschiedliche Aspekte oder Facetten unserer Eigenbeziehung wider.

Die Blockaden und Sabotageprogramme haben sich in unserem Innern durch die Identifikation mit dem eigenen Ego installiert und hindern uns daran, unsere wahre Natur zu leben. Diese Störfaktoren sehen wir nun in unseren Mitmenschen reflektiert. Natürlich haben wir Themen mit unseren Eltern, Partner, Kindern, Vorgesetzten, Nachbarn, Freunden und Bekannten, aber das Prinzip ist immer dasselbe. Wenn wir diesen Mechanismus erst durchschaut haben, geht es nicht mehr darum, den anderen zu ändern oder an der Beziehung zu arbeiten. Denn das ist ja nur unser Spiegel, der uns vor Augen hält, wo wir uns selbst blockieren. Darum erkennen wir die Konflikte und Probleme in einer Beziehung als wertvolle Hinweise an, die uns offenbaren, was bei uns im Argen liegt und erlöst werden will. Sie werden also zu Wegweisern auf unserem Weg in die Freiheit.

Ein Beispiel:

In meiner nunmehr 15-jährigen Partnerschaft habe ich lange Zeit gebraucht, um mich ganz darauf einzulassen. Innerlich bin ich stets geflüchtet, im Grunde genommen vor mir selbst. Als ich dies endlich erkannte, annahm und aufzulösen begann, wurde nicht nur unsere Paarbeziehung weit inniger, harmonischer und vertrauter, sondern auch unser ganzes Familienleben, da ja die Kinder unbewusst immer die Energien der Eltern ausleben.

Wann immer ich insgeheim den Wunsch verspürte, mich zurückzuziehen oder emotional auf Distanz zu gehen, habe ich dieses Verhalten aufgelöst und bin so allmählich in einen Zustand der Hingabe gelangt: einer Hingabe nicht nur hinsichtlich meiner Beziehung, sondern zu mir und meiner Bestimmung. Gleichzeitig konnte ich meine Familie immer mehr wertschätzen und mich an ihr erfreuen, weil ich sie annahm und mit dem Herzen dabei war.

Übung:

Das nächste Mal, wenn Sie etwas an einem anderen Menschen stört, Sie sich über ihn aufregen, enttäuscht oder traurig sind, oder was auch immer Ihr Thema und der emotionale Ausdruck sein mag, denken Sie daran, dass er Ihnen nur einen Aspekt Ihrer Eigenbeziehung spiegelt. Nehmen Sie einfach die Emotion, die bei Ihnen hochkommt, und transformieren Sie diese mit der Zwei-Punkt-Methode. Oder wenn Sie ein Werturteil über den anderen fällen, zum Beispiel dass er egoistisch ist, dann lösen Sie Ihren eigenen Egoismus auf. Je konsequenter Sie dies umsetzen, umso schneller werden Sie Frieden und Harmonie in Ihre Beziehungen hineinbringen.

Sexualität ist eine weitere Art von Beziehung, die wir zu uns selbst haben und deren Spiegelung wir dann in unserem äußeren Sexualleben erfahren. Da wir uns mit dem Ego und seiner Idee von Trennung identifizieren, besitzen wir automatisch auch eine starke Identifikation mit dem eigenen Körper. Wir sagen: „Ich bin ein Mann" oder „Ich bin eine Frau". Und dann übernehmen wir alle Glaubensmuster, die das Geschlecht anscheinend mit sich bringt, ohne sie groß zu hinterfragen.

Wir akzeptieren eine „Grundprogrammierung" der Zellen, die darauf abzielt, die Gattung Mensch zu erhalten.

Damit sind die tierischen Triebe gemeint, die nur dazu dienen, unseren Fortbestand zu sichern. Sie werden durch Hormone und einen kurzen Lustgewinn aufrechterhalten und lassen jemanden wie ferngesteuert handeln, ohne tieferen Sinn oder Sinnlichkeit.

Als nächste Programmschicht folgt die psychische und emotionale Ebene, in der sich Jahrtausende alte gesellschaftliche Prägungen und eigene Erfahrungen aus der Vergangenheit – einschließlich früherer Leben – festgesetzt haben.

Diese beiden Ebenen werden von der mentalen Ebene versorgt, die zunächst einmal die Idee von Trennung annimmt und dann ein weit verzweigtes Geflecht von Gedankenmustern spinnt. Themen wie Schuld, Scham, Minderwertigkeitsgefühle und feste Rollenverteilung lassen sich hier in zahllosen Einzelheiten und Varianten vorfinden. Auf diesen Glaubensmustern gründet unsere Gesellschaft. Man trichtert uns die Dogmen der etablierten Kirchen ein, die Moralvorstellungen unserer Gesellschaft und betreibt Gehirnwäsche über die Medien.

Nach so viel Einflussnahme in eine Richtung musste das Pendel zwangsläufig in die entgegengesetzte Richtung umschlagen. So kam es zur 68er Generation und der sexuellen Revolution, die die Befreiung vom Spießerdasein versprachen, nur dass sie ebenfalls in Dekadenz und Sinnlosigkeit endeten.

Tantra bietet einen exotischen und lustvollen Weg, der jedoch oft nicht über die Körperlichkeit hinausgeht, weil die Sinneswahrnehmungen und die Fixierung auf den Körper viel zu sehr im Vordergrund stehen. Eine Ausnahme bildet der ursprüngliche Tantrismus aus Kaschmir, wie er zum Beispiel von Daniel Odier gelehrt wird. Denn dort sieht man generell den Körper nur als Mittel zum Zweck an, um die Einheit zu erfahren. Dabei sind weder bestimmte Techniken noch ein Sexualpartner nötig.

Die Tantriker Alt-Chinas nutzten ihr umfangreiches Wissen über die Energieverhältnisse im menschlichen Körper, um mit ihren Techniken ein langes Leben und Gesundheit zu fördern. Im Idealfall ließ sich dauerhaft eine vollkommene Harmonie von Yin und Yang herstellen. Wenn man erst das Männliche und Weibliche als polare Kräfte auf der Welt akzeptiert hat, fällt es schwer, diese Kräfte in Einklang zu bringen, um sie schließlich zu transzendieren.

Beim Tantra der Alt-Ägypter handelt es sich um esoterische Lehren voller Weisheit, die den Zusammenhang zwischen schöpferischer Kraft und sexueller Energie erkannt haben. Sie vermitteln, wie man die kraftvolle Energie, die beim Orgasmus freigesetzt wird, bewusst ins eigene Energiesystem lenkt. Die Energie wird beim Orgasmus aus dem Bereich des Wurzelchakras in die Körpermitte zum Herzchakra hin gezogen und dort nach hinten aus dem Körper hinaus geleitet, dann über den Kopf durch das 8. beziehungsweise 13. Chakra (je nach Chakrasystem) geführt, um an der Vorderseite wieder im Herzchakra anzukommen. Auf diese Weise bildet die Energie ein ätherisches Ankh (ägyptisches Kreuz).

Laut der Mysterienschule des erleuchteten Pharaos Echnaton soll diese tantrische Energiearbeit schließlich die Fähigkeiten zum bewussten Erschaffen gesteigert und zur Unsterblichkeit geführt haben.

Es stellt sich aber auch hier die Frage, ob dies heutzutage noch von Bedeutung ist und welchen Wert dies beim Erkennen der einen Realität hat. Irgendeine esoterische Praxis des Tantra kann immer noch vom Wesentlichen ablenken. Wenn man glaubt, man müsse erst das Ankh beherrschen, um Unsterblichkeit zu erlangen, und könne erst dann die Einheit mit allem, was ist, erfahren, wird man sehr lange üben müssen. Dieses Üben dauert nämlich so lange bis einem klar wird, dass die Einheit schon immer da war und da ist. Deshalb kann man auch sofort die kosmische Verschmelzung aller Gegensätze in seinem Körper spüren. Und schließlich erkennt man, dass der Körper zwar unsterblich werden kann, dies aber keinerlei Bedeutung hat, wenn weder Körper noch Universum existieren.

Drunvalo Melchizedek hat dies bei seiner Arbeit in die richtige Reihenfolge gebracht. Er zeigt uns zuerst einen Weg, wie wir die Einheit erkennen können, und zwar, indem wir unser Bewusstsein vom Kopf in den heiligen Herzensraum verlagern. Von dort aus kann die sexuelle Vereinigung und das Lenken von Energie übers Ankh praktiziert werden. Das versetzt uns in einen nicht-dualen Schöpfungsraum, der die völlige Annahme der Einheit ermöglicht.

Im Grunde genommen braucht man gar keine Techniken, obwohl sie schon nützlich sein können, wenn sie richtig eingesetzt werden. Mit „richtig" meine ich hier, dass sie als Mittel dienen, um den zahllosen geistigen Prägungen und den emotionalen und körperlichen Beschränkungen zu entkommen und letztendlich die Gegenwart des reinen Geistes im Körper zu erfahren.

Dies lässt sich aber gar nicht so leicht durchführen, weil das Ego sehr gerissen und subtil vorgeht. Man kann im guten Glauben sein, die Techniken zu gebrauchen, um die Dualität zu überwinden, doch tatsächlich werden die Techniken vom Ego benutzt, um uns in Bewegung zu halten.

Wir sind bereits in die Falle getappt, wenn wir eine Technik nur einsetzen, um zum Beispiel den Liebesakt auszudehnen und zwar wegen dieser „um zu Haltung". Es geht nicht um Zweck und Ziel. Denn wenn man sich auf ein Ziel ausrichtet, wie erhaben dieses auch sein mag, ist man nicht mehr im Augenblick. Doch nur im Hier und Jetzt können wir die Illusion durchschauen und der Realität gewahr werden.

Ein Beispiel:

Nach über 20 Jahren des Studierens und Übens verschiedenster Techniken und Philosophien bin ich an einem Punkt angekommen, an dem ich die Dinge ganz einfach sehe. Ich begegne meiner Partnerin mit offenem Herzen und mit der Absicht der Vereinigung, die zwar körperlich einsetzt, aber schließlich auch die Ebenen der Seele und des reinen Geistes erreicht. Wer wirklich Erfüllung beim Sex erfahren will, darf nicht nur den Körper, sondern muss die Seele berühren. Wenn beide in diesem Zustand der Offenheit sind, fängt die Energie zu fließen an – und von dieser Energie lässt man sich tragen. Das Liebespaar gibt sich der Energie völlig hin und wird so von ihr geführt. Nicht der Mensch bewegt sich oder tut etwas, sondern die Energie ist es, die durch das Körperliche hindurch wirkt.

Beide sind bereit, das Verschmelzen der Gegensätze zu erleben, und die Energie kann sie dorthin führen, wenn sie es zulassen. Irgendwelche Techniken sind überflüssig, konkrete Absichten wirken störend, während Ängste und Prägungen den Energiefluss ins Stocken bringen. Wenn das Ego einem Gedanken einflößt, die etwas bezwecken sollen, lässt man sie los. Wenn irgendwelche Hemmungen oder Ängste auftreten, übergibt man sie dem Energiefluss. Wenn das nicht funktioniert und einen die alten Prägungen am unmittelbaren Erleben hindern, was jenseits von Dualität ist, löst man diese Blockaden nach der Vereinigung mit der Zwei-Punkt-Methode auf.

Übung:

Schauen Sie sich Ihr eigenes Liebesleben ganz ohne Beschönigung an. Nehmen Sie das, was Ihnen auffällt, als Thema für die Selbstbehandlung mit der Zwei-Punkt-Methode. Egal wie das Thema ausfällt, ob Sie frustriert sind, weil Sie zu wenig Sex haben, oder Ihnen der Sex keine Befriedigung verschafft, ob Sie gehemmt sind oder sich schämen, unter Erfolgsdruck stehen oder was auch immer. Nehmen Sie die Situation oder besser die Emotion, die sie bei Ihnen auslöst, und arbeiten Sie damit, bis Sie eine Änderung herbeiführen.

Beruf und Berufung

Viele Menschen machen irgendeinen Job, nur um zu überleben, manche finden ihre Tätigkeit interessant und wieder andere streben eine steile Karriere an. Egal auf welcher Ebene wir uns hier bewegen, man muss eines grundlegend unterscheiden: Tun wir unsere Arbeit um des Geldes willen oder weil wir uns dazu berufen fühlen? Sollten Sie sich nicht ganz so sicher sein, in welche Kategorie Sie gehören, dann fragen Sie sich einfach: „Würde ich diese Arbeit auch dann tun, wenn ich Multimillionär wäre?" Wenn Sie mit Nein antworten, gehen Sie nicht Ihrer Berufung nach, sondern haben nur einen Beruf oder Job.

Ich glaube, es liegt klar auf der Hand, dass Erfüllung und nachhaltiges Glück nur dort zu finden sind, wo wir unsere Bestimmung leben, und nicht da, wo wir uns aus finanziellen Überlegungen hindrängen lassen. Vielleicht wissen Sie sogar, was Sie gern machen würden, aber diese Sache bringt definitiv kein Geld ein oder reicht eben nicht zum Leben. Also bleiben Sie bei Ihrem Brotberuf und verschieben das Glücklichsein auf den Ruhestand. Wie wäre es, wenn Sie jetzt schon ein erfülltes und glückliches Leben führen, indem Sie Ihre Berufung finden und umsetzen?

Ein Beispiel:
Ich wusste schon immer, dass meine spirituelle und persönliche Entwicklung für mich wichtiger ist als materielle

Sicherheit. Dennoch musste ich von irgendetwas existieren und das galt umso mehr, als ich schließlich eine Familie gründete. Gerade als die Kinder noch klein waren, pendelte ich zwischen Geldverdienen und meinen Leidenschaften hin und her. Es dauerte einige Jahre, bis ich von dem, was ich wirklich gern tat – Bücher schreiben und in Seminaren mit Menschen arbeiten – auch leben konnte. Also hatte ich neben meiner Berufung ein paar Nebenjobs, die ich eigentlich nicht sonderlich gern tat, aber die trotzdem ihren Sinn und Zweck erfüllten. Die Dinge, die ich im Marketing- und Vertriebsbereich lernte, erwiesen sich als sehr wertvoll für die erfolgreiche Umsetzung meiner Berufung. Aber vor allem bot mir die Auseinandersetzung mit der normalen Geschäftswelt etliche persönliche Wachstumschancen.

Übung:
Machen Sie eine Bestandsaufnahme. Gehen Sie schon Ihrer Berufung nach, und ist alles bestens? Dann überspringen Sie dieses Kapitel und machen mit dem nächsten weiter.

Sind Sie dabei, Ihrer Berufung zu folgen, aber es lohnt sich finanziell noch nicht? Oder müssen Sie noch zu hart für Ihr Geld arbeiten? Lösen Sie mit Hilfe der Zwei-Punkt-Methode alle Programme und Anhaftungen auf, die damit in Zusammenhang stehen. Integrieren Sie hilfreiche Ressourcen, sodass Ihnen das nötige Geld zufließt. Lesen Sie das Buch „Die 4-Stunden-Woche" von Timothy Ferriss. Arbeiten Sie mit Köpfchen anstatt hart.

Sie wissen also, was Sie gern tun würden. Aber Sie sehen keine Möglichkeit, wie sich dies umsetzen lässt, zumindest nicht so, dass Sie davon leben können. Richtig? Dann können Sie zum einen folgendermaßen vorgehen: Prüfen Sie als Erstes, ob es wirklich keine Mittel und Wege dazu gibt. Löschen Sie Ihre blockierenden Programme, die Sie hindern, Lösungen zu finden. Integrieren Sie Lösungen und und lassen Sie sich überraschen, was dann geschieht. Sprechen Sie auch mit Querdenkern über Ihr Thema. Hören Sie nicht auf Menschen aus Ihrem Umfeld, die selber nicht ihre Berufung leben und auch kein wirkliches Interesse haben, dass Sie es tun. Denn dann wären Sie ja nicht mehr die Person, die sie kennen und von der man möchte, dass sie schön so bleibt. Nein, wenden Sie sich an einen unabhängigen Menschen oder einen losen Bekannten, der Ihre Situation von außen und neutral betrachtet und deshalb mögliche Lösungsansätze leichter sieht als Sie oder die Leute in Ihrem Umfeld.

Wenn Sie einen Weg vor Augen haben oder ihn erahnen, probieren Sie ihn einfach aus. Vorsichtshalber behalten Sie zunächst Ihren alten Job und tasten sich langsam vorwärts. Selbst wenn es nicht klappen sollte, wird es auf alle Fälle eine hervorragende Lernerfahrung für Sie sein. Alle Ängste, Minderwertigkeitsgefühle, Selbstzweifel, einengende Glaubensmuster und Ähnliches dringen bei so einem Vorhaben an die Oberfläche. Dabei können Sie sich vieler Blockaden durch die Zwei-Punkt-Methode entledigen. Also unabhängig davon, ob Sie demnächst Ihren Traumberuf finden, Ihre Berufung leben oder nicht, dabei gewinnen tun Sie auf jeden Fall!

Als Alternative bietet sich noch eine andere Vorgehensweise an, wenn einem völlig klar ist, dass man nicht von seiner Berufung leben kann, zumindest nicht auf dem Niveau, das man halten will. Ich kenne einige Leute, die eine gut bezahlte Stellung in Industrie und Wirtschaft haben und ihren momentanen Lebensstandard nicht senken wollen. Andererseits möchten sie auch nicht ihr ganzes Leben in der Tretmühle zubringen. Sie wollen Privatleben und Familie genießen und irgendeiner sinnvollen Nebentätigkeit nachgehen, zum Beispiel mit Kindern arbeiten und ihnen zu einem guten Start ins Leben verhelfen. Oder sie möchten kleinen aussichtsreichen Unternehmen mit ihrem Fachwissen und Erfahrungen dienlich sein. Trifft das auch auf Sie zu, sollten Sie sich Strukturen erschaffen, damit Sie Ihr gewünschtes Einkommen in vier Stunden Arbeit pro Woche – oder besser noch pro Monat – erwirtschaften und sich die restliche Zeit frei einteilen können. Wenn Sie glauben, dass das nicht ginge, werfen Sie einen Blick in das oben empfohlene Buch, und lassen Sie sich eines Besseren belehren. Sie werden es nicht bereuen.

Potenziale entfalten

Ob wir nun unsere Berufung leben oder nicht, unser verstecktes Potenzial entfalten lohnt sich immer, aber vor allem macht es riesigen Spaß! In uns allen schlummert ein Riese, aber wir fürchten uns noch, diesen Riesen zu erwecken. Dabei müssen wir ihn gar nicht sofort wachrütteln und zu Höchstleistungen antreiben. Wir können nach und nach unsere ungeahnten Kräfte und Fähigkeiten kennen lernen und entdecken.

Denken wir wieder daran, dass das Universum Energie und somit Information ist. Wie weiter vorn beschrieben können wir die Zwei-Punkt-Methode einsetzen, um nützliche Informationen oder Fähigkeiten zu integrieren, ähnlich wie wir aus dem Internet Daten herunterladen.

In erster Linie geht es darum, unsere spielerische Natur wieder zu leben und unsere alten Vorstellungen, was möglich ist und was nicht, loszulassen.

Ein Beispiel:

Im letzten Jahr nahmen mehrere Lehrerinnen und Lehrer an meinen Seminaren teil, die mir begeistert von den Erfolgen bei ihren Schulklassen berichteten. Eine Lehrerin konnte die Leistungen ihrer eher mittelmäßigen

Schüler verbessern, indem sie regelmäßig das Gruppenenergiefeld der Klasse mit der Zwei-Punkt-Methode be-
handelte. Zuerst löste sie alle Lernblockaden, begrenzenden Glaubensmuster und Ähnliches auf. Danach
integrierte sie alle nützlichen Informationen, sowohl allgemein als auch speziell aus den morphischen Feldern
der unterrichteten Fächer (Mathematik, Englisch,
Deutsch und so weiter).
Zum Schluss integrierte sie immer noch das ideale
zukünftige Selbst der Klasse, das um eine ganze Note
im Durchschnitt besser war. Innerhalb von acht Wochen steigerte sich der Zensurendurchschnitt von 3,9
auf 2,7. Außerdem verbesserte sich das Klassenklima
enorm. Dies äußerte sich durch wesentlich mehr Tole-
ranz, Teamarbeit und Kommunikationsbereitschaft der
Schüler untereinander und allgemein durch eine viel
bessere Stimmung.

Übung:
Wählen Sie, Ihr schlummerndes Potenzial zu wecken, und
suchen Sie sich für den Anfang ein nettes kleines Projekt
aus. Es soll Spaß machen, muss kein Geld einbringen
und sollte vor allem nicht völlig aus der Luft gegriffen sein,
damit Sie Ihr Ego nicht so leicht wieder davon abbringen
kann.
Sicher gibt es Ausnahmeerscheinungen wie Timothy
Ferriss, die immer die größtmögliche Herausforderung
brauchen, damit es sich für sie überhaupt lohnt (er
wurde in sechs Monaten Tango-Weltmeister, obwohl ihm
dieser Tanz vorher völlig fremd war). Aber im Allgemeinen
ist es sinnvoller, mit etwas Überschaubarem anzufangen.
Vielleicht möchten Sie gern raffinierter kochen lernen, ihr
holpriges Englisch aufpolieren, eine Tour mit dem Moun-
tainbike auf La Palma machen, mit dem Kanu einen
Fluss von seiner Quelle bis zur Mündung entlangfahren

oder was auch immer. Es gibt tausend Dinge, die man tun kann, die Spaß machen und uns gleichzeitig dazu bringen, unser Potenzial zu entwickeln. Wir lernen zu planen, einen Zeitrahmen zu setzen (es ist ganz wichtig, dass Sie den Ausgang Ihres Projektes nicht offen lassen, denn sonst werden Sie es wahrscheinlich nie zu Ende bringen), körperlich und geistig fit zu werden, über unsere Grenzen hinauszuwachsen und vor allem das Leben zu genießen.

Mein nächstes Buch wird einzig und allein davon handeln, wie wir unser nahezu grenzenloses Potenzial zur Entfaltung bringen. Bis dieses Buch erscheint, können Sie ja schon einmal üben und mir Ihre Erfahrungsberichte schicken.

Wie man am besten vorgeht:

o Suchen Sie sich ein Projekt aus, zum Beispiel Segeln lernen.

o Machen Sie sich schlau, welche Voraussetzungen Sie brauchen (körperliche Kondition, theoretische Kenntnisse, Kosten und so weiter).

o Legen Sie sich einen Plan zurecht, wie Sie vorgehen wollen.

o Fangen Sie so schnell wie möglich an. Schieben Sie nichts auf die lange Bank.

o Nutzen Sie jede Gelegenheit, bei der Sie auf Begrenzungen in Ihrem Denken stoßen, und lösen Sie sie mit der Zwei-Punkt-Methode auf.

o Integrieren Sie fortwährend hilfreiche Ressourcen und Informationen.

o Selbst körperliche Begrenzungen während des Trainings kann man anhand der Zwei-Punkt-Methode immer mehr überwinden.

Fülle und Geldbewusstsein

Wir sind Fülle. Fülle ist keine Sache außerhalb von uns, die wir erlangen oder verlieren können. Sie ist auch nichts, wofür wir arbeiten oder sonst irgendetwas tun müssen. Fülle ist ein Aspekt unseres wahren Seins, da wir mit allem verbunden, mit allem eins sind. Das Ego schärft uns genau das Gegenteil ein. Wir sollen glauben, dass wir abgetrennt von der Fülle sind und deshalb erst ein paar Hürden genommen werden müssen, bevor wir Fülle erleben dürfen. Je nachdem, welche Glaubensmuster wir uns zugelegt haben, gestehen wir uns entweder gar keine Fülle zu oder erst nach einer gewissen Mühe, die uns dann „berechtigt", die Fülle anzunehmen.

Fülle und Reichtum finden ihren Ausdruck in allen Bereichen und Größenordnungen: Geld, Zeit, Informationen, Menschen, Wissen und Hilfen aller Art. Wir können von einem dieser Aspekte sehr viel haben, wie zum Beispiel Geld, und von einem anderen wiederum sehr wenig (Freizeit, weil wir die ganze Zeit für den Aspekt „Geld" arbeiten) und somit trotz des vielen Geldes nicht in der Fülle sein.

Fülle ist ein Gefühl und ein Seinszustand zugleich und kann völlig subjektiv wahrgenommen werden. In meinem Bekanntenkreis gibt es Menschen, die sich im Monat mit 1.200 Euro netto bescheiden und damit sich und ihre Familie ernähren. Sie fühlen sich wohl und gut versorgt, und vor allem nutzen sie ihre Freizeit bewusst für ihre Familie und erfahren dies als größeren Reichtum.

Umgekehrt kenne ich so manchen, der das Zehnfache nach Hause trägt und sich trotzdem sorgt, dass sein Einkommen eines Tages wegfällt und er deshalb vorsorglich noch mehr scheffeln sollte. Dazu fällt mir ein Millionär ein, der mit seiner Firma pro Jahr über drei Millionen Euro nach Steuern verdient und durchaus sein Leben in vollen Zügen genießt. Und doch ist er ein typischer Vertreter seiner Gattung: abgehetzt und niemals zufrieden. Man könnte sagen, dass dieser Mann, der im Geld schwimmt, weniger in der Fülle lebt als meine Bekannten mit ihren 1.200 Euro.

Es geht also in erster Linie darum, unser eigenes Füllebewusstsein zu betrachten. Denn aus dem Sein folgt das Tun, das schließlich zum Haben führt. Nicht umgekehrt. Die Strategie des Ego lautet dagegen wie folgt: „ Leg dich erst da draußen ins Zeug, und dann wirst du irgendwann viel haben, und dann bist du wer." Das Ego zäumt das Pferd wie immer von hinten auf, um uns von der Realität abzulenken und uns an seine Illusion zu binden. Die richtige Reihenfolge ist kurz gefasst ganz einfach: Sein – Tun – Haben.

Wir sind Fülle. Wenn wir aus diesem Gewahrsein heraus handeln, dann führen die Auswirkungen unseres Handelns zu dem Erleben von Fülle.

Ein Beispiel:

Geld war immer ein großer Lehrmeister für mich. Den größten Teil meines Lebens jonglierte ich mit meinen Finanzen, lebte meine unbewusste Schuld in Form von Schulden aus und lieferte mir einen Kampf mit dem Geld. Zwar wusste ich schon sehr früh, dass ich in meinem wahren Wesenskern Fülle bin, dass ich meine Bestimmung leben musste, um äußere Fülle zu erleben und dies auch praktisch umzusetzen war. Aber ich ließ mich immer wieder dazu hinreißen, erst „da draußen" etwas zu machen, um dann hoffentlich die Ernte einzubringen. Dies geschah überwiegend deshalb, weil in mir noch viel zu viele unbewusste Programme abliefen und mir die ungeheilten Aspekte den Zugang zur inneren Fülle versperrten.

Obwohl es im Laufe der Jahre allmählich besser wurde, sollte der richtige Durchbruch erst mit der Zwei-Punkt-Methode kommen. Binnen Wochen konnte ich spüren, wie dieses ewige Geldthema in mir wegzubröckeln begann. Ich bemerkte einen grundlegenden Wendepunkt: von einer Abwärtsspirale zu einer Aufwärtsspirale. Ich konnte die Fülle in mir fühlen und im Äußeren durch Geldscheine in meinen Händen spüren. Diese Geldscheine sind ein Symbol meiner inneren Fülle und spiegeln meinen inneren Reichtum wider. Aber nicht nur der Geldsegen, viel wichtiger sind meine Familie, die Zeit, die ich mit ihr verbringen kann, die kreativen Projekte, an denen ich teilhaben darf, wie ein ganzheitliches Dorfprojekt *(www.villageforum.com)*, bis hin zu den tausend Kleinigkeiten des Alltags, die mir meine innere Fülle immer wieder vor Augen führen!

Wenn ich im Freien bin, erfreue ich mich ganz bewusst am natürlichen Überfluss der Blüten und Pflanzen. Wenn ich in der Stadt ein Auto oder Haus sehe, bedanke ich mich im Stillen für dieses Sinnbild meiner Fülle. Wenn ich einem schönen Menschen gegenübersitze, erfreue ich mich an dem Spiegelbild meiner inneren Fülle von Schönheit.

Diese Aufwärtsspirale, die im Mai 2009 mit der Zwei-Punkt-Methode begann, ist noch lange nicht oben angelangt. Sie entfaltet sich so, wie es für meinen Lebensplan und meine persönliche Entwicklung am besten ist. Ich habe nicht einfach am Mittwoch im Lotto gewonnen, sondern mein Einkommen begann rapide zu wachsen, weil ich mich damit beschäftigte, was schon seit Jahren meine Berufung war: Menschen auf ihrem Weg zur Selbstverwirklichung zu unterstützen. Nur jetzt konnte ich ein wesentlich wirksameres Werkzeug anbieten. Also gab ich das weiter, was mir selbst so sehr geholfen hatte und heute noch hilft. Dadurch war es authentisch und nachvollziehbar, und ich konnte immer mehr in mein natürliches Füllebewusstsein gelangen.

Mein Geschäftsjahr endet am 30. Juni. Noch bis Juni 2009 verzeichnete ich einen Gesamtumsatz von rund

40.000 Euro. Nach Abzug von Steuern und Betriebskosten blieb nicht genug zum Leben übrig, und ich musste mir wieder einmal Geld leihen, um über die Runden zu kommen. Aber im darauffolgenden Geschäftsjahr hatte ich bis Juni 2010 bereits einen Umsatz von über 430.000 Euro, also mehr als zehnmal so viel wie im Vorjahr. Und das mitten in der Wirtschafts- und Finanzkrise! Meine Prognose für das laufende Geschäftsjahr bis Juni 2011 liegt bei rund zwei Millionen Euro Umsatz. Nicht nur deshalb, weil ich mein Angebot neben den QCT-Seminaren künftig erweitere und die Seminare dann wesentlich effektiver gestalte. Neben diesem Buch und Beiträgen zu zwei weiteren Buchprojekten sind noch eine Meditations-CD und ein Heimstudienkurs entstanden und werden zum Erfolg beitragen.

In erster Linie hängt diese äußere Fülle damit zusammen, dass ich meine Blockaden aufgelöst habe. Diese hatten verhindert, dass ich meine natürliche Fülle ausstrahlte und diese durch Resonanz wieder zu mir zurückkam. Ich erzähle Ihnen das nicht, um Ihnen zu zeigen, was für ein toller Hecht ich bin. Sondern ich möchte Sie anspornen, Ihre eigenen Fülle-Blockaden zu lösen! Es lohnt sich, nicht nur finanziell. Das Gefühl von Fülle, das immer mit Lebensfreude einhergeht, die Kreativität, die entfesselt wird, das Gefühl von Freiheit, die Dinge tun zu können, die einem Spaß machen, und vom Leben getragen zu werden, all das ist die Anstrengung wert, seine alten Blockaden zu transformieren.

Übung:

Nehmen Sie sich eine x-beliebige Mangelsituation in Ihrem Leben vor. Das kann Geldmangel sein, zu wenig Zeit, nicht die richtigen Helfer oder Hilfsquellen für ein bestimmtes Projekt zu haben, oder was auch immer in Ihnen das Gefühl von mangelnder Fülle aufkommen lässt.

Dabei ist es unerheblich, ob Sie herumkrebsen müssen oder mit Millionen hantieren. Das einzige, was zählt, ist Ihre eigene Wahrnehmung. Sie legen also die Mangelsituation fest und führen eine vollständige Behandlung mit der Zwei-Punkt-Methode durch. Währenddessen machen Sie sich bewusst, dass diese Situation nur die Spitze eines Eisbergs ist. Dann verfolgen Sie aufmerksam, was sich in der Zeit danach ändert beziehungsweise hochkommt. Achten Sie auf negative Emotionen und begrenzende Gedanken, und lösen Sie diese schnellstmöglich auf.

Alltagspflichten spielend meistern

Jeder hat sein Päckchen zu tragen, wenn es um die weniger angenehmen Alltagspflichten geht. Den Chauffeur für die Kinder machen, Müll rausbringen, Bürokram und Buchhaltung erledigen, jeder kennt mindestens einen Bereich, den er keinem anderen übertragen kann und vor dem er sich am liebsten drücken würde. Über die Jahre hinweg sind mir in diesem Zusammenhang zweierlei Dinge klar geworden: Erstens geht es um Wertfreiheit und zweitens um Klarheit im Umgang mit den eigenen Energien.

Ich hatte noch nie viel für Büroarbeit übrig, insbesondere nicht für Buchhaltung und Steuersachen. Meine innere Ablehnung baute einen Widerstand auf. Das führte dazu, dass ich keine Lust dazu hatte und viel danebenging, außerdem gab ich die Verantwortung für diesen Bereich zu früh ab. Ich bezahlte jemanden für die Buchhaltung und obendrein einen Steuerberater, der alles ordnungsgemäß einreichen sollte. Prompt hatte ich im Folgejahr eine Steuerprüfung am Hals, bei der herauskam, dass die Bücher eben nicht korrekt geführt worden waren, da die Person sich wohl nicht richtig auskannte. Und dem Steuerberater war es nicht aufgefallen, da er sich offensichtlich nicht die Mühe gemacht hatte, etwas nachzukontrollieren. Er begnügte sich damit, die Zahlen zu übernehmen und mir eine gepfefferte Rechnung zu stellen. Wie sagt doch ein altes Sprichwort: „Aus Schaden wird man klug." Also nahm ich meine Angelegenheiten wieder selbst in die Hand und stotterte mit dem Geld, das vorher an Sekretärin und Steuerberater gegangen war, meine Steuerschulden beim Finanzamt ab. Außerdem lernte ich zähneknirschend, meine Abneigung und mein missbilligendes Urteil von dieser Arbeit abzulegen und sie stattdessen als Meditation zu betreiben. Ich achtete auf meine Körperhaltung und Atmung, während ich am Schreibtisch saß, fokussierte mich auf die Arbeit und ihre Erledigung – und so wurde aus der verhassten Tätigkeit ein Training für meinen Geist, ähnlich wie man seinen Körper im Fitness-Studio trainiert.

Erst als ich meine schlechte Meinung und Ablehnung gegen diese Arbeiten losgelassen hatte und mit meinen Energien haushielt, erreichte ich den Punkt, wo ich die Sache wirklich abgeben durfte und konnte. Nun fand ich eine Sekretärin, die gut bewandert war, und auf Grund meiner Erfahrungen wusste ich nun, wie ich das testen konnte. Außerdem war mir die Arbeit mittlerweile vertraut, und auch heute noch lasse ich sie nicht mehr ganz aus den Augen. Einmal im Monat wende ich zehn Minuten zur Kontrolle auf. Die Jahressteuererklärung lasse ich von einer Steuergehilfin für einen moderaten Stundensatz prüfen, bevor ich sie mit meiner Unterschrift abgebe.

Im Grunde ging es um folgende Lektionen: urteilsfrei und effizient die nötigen Dinge des Lebens zu erledigen, und letztlich meine wertvolle Zeit durch sinnvolles Delegieren einzusparen.
Es ging also essenziell wieder um Selbstwert.

Inzwischen kann ich mit ähnlichen Situationen, die diese Themen beinhalten, viel besser und schneller umgehen. Sobald ich merke, dass ich eine Situation oder Arbeit ablehne, setze ich zuerst bei meinem inneren Widerstand an und löse ihn mit der Zwei-Punkt-Methode auf. Dann betrachte ich die Situation ganz in Ruhe und überlege mir, was unter den gegebenen Umständen am besten zu tun wäre. Wenn mir im ersten Moment nichts einfällt, integriere ich mit den zwei Punkten hilfreiche Ressourcen sowie Inspiration und lasse alles Weitere auf mich zukommen.

Als ich meine Europareise für 16 Seminare vorbereitete, musste ich viele Details im Vorwege klären, wie etwa Flüge, Zugverbindungen und Hotels. Das ist einerseits lästig, aber andererseits wirkt es sich direkt auf mein Wohlbefinden vor Ort aus. Also wollte ich die Reiseplanung nicht völlig abgeben und mir vor der Buchung lieber selbst die Hotels im Internet ansehen. Aber stundenlang vorm Computer sitzen, erschien mir auch nicht gerade erstrebenswert.

Nachdem ich die Energien mit der Zwei-Punkt-Methode geklärt hatte, kam mir die Idee, meine Tochter im Teenageralter einzubeziehen und ihr für die Hilfe ein paar Euros Stundenlohn zu geben. Dadurch konnte sie ihr Taschengeld aufbessern und zugleich etwas lernen, und wir verbrachten dabei mehr gemeinsame Zeit. Sie lernte, besser mit dem Computer und den Suchmaschinen umzugehen. Und ich konnte ihr viele kleine Tipps aus meinen jahrzehntelangen Reiseerfahrungen geben, während wir Flüge und Hotels auswählten. Wir verbrachten also mehr Zeit zusammen, lachten viel bei der Arbeit, und ich wurde etwas schneller fertig. So transformierte ich eine langweilige Tätigkeit in wertvolle Zeit mit meiner Tochter, bei der sie etwas lernte, Geld verdiente und wir unsere Beziehung vertieften.

In diesem einen Jahr, seit dem die Zwei-Punkt-Methode

zu meinem Leben gehört, fielen mir immer wieder Situationen auf, in denen ich aus alter Gewohnheit kleine unbedeutende Arbeiten „schnell mal eben" selbst erledigte, anstatt sie abzugeben. Oft stellte ich fest, dass dieses Verhalten meinen Arbeitsfluss bei den wichtigen Dingen unterbrach und ich letztendlich viel zu viel Zeit mit Nebensächlichkeiten vergeudete. Das ließ nur einen Schluss zu: Es musste immer noch ein unbewusstes Sabotageprogramm in mir wirken, das mir einen mangelnden Selbstwert aufzeigte. Jedes Mal, wenn ich so eine Situation durchschaute, löste ich zuerst die unbewussten Programme auf, dann traf ich ganz bewusst die Wahl, weil ich es mir wert war, diese Arbeitszeit mit etwas Produktivem – Bücher schreiben oder Kundengewinnung – zu verbringen. Die Routineaufgaben delegierte ich an meine Sekretärin oder den Webmaster.

Was mir an dem Ganzen so viel Spaß macht, ist die Leichtigkeit, mit der jetzt alles vor sich geht. Früher frustrierten oder langweilten mich viele Situationen. Selbst wenn mir auffiel, dass ich mich nur selbst sabotierte, konnte ich es oft nicht so leicht abstellen. Heute löse ich die aktuelle Schicht des Themas auf und bin sofort in der Lage, sinnvoll vorzugehen. Obwohl das Thema deshalb noch nicht ganz gelöst ist, so kann ich doch optimal auf meinem Weg vorangehen, bis die nächste blockierende Schicht auftaucht. Dann löse ich diese auf und mache weiter, bis das ganze Thema verschwunden ist.

Zwischen Realitäten wählen

Mit Hilfe der Zwei-Punkt-Methode können wir sehr gut zwischen den möglichen Realitäten wählen. Das basiert auf folgendem Verständnis: Von der reinen Geistebene aus betrachtet, existiert weder dieses Universum noch die Zeit. Vom Innern dieses Universums aus betrachtet, ist Zeit ein Erfahrungsfeld mit unendlich vielen Möglichkeiten. Das habe ich im zweiten Teil bei der Integration vom zukünftigen Selbst am Ende einer Behandlung schon beschrieben. Nur nach unserer subjektiven Wahrnehmung läuft die Zeit linear ab. In Wahrheit bestehen alle Zeitpunkte gleichzeitig, und wir bestimmen über unsere – zumeist unbewussten – Entscheidungen, welche Realität wir erleben. Nehmen wir ein einfaches Beispiel: Wir fahren mit dem Auto in die Innenstadt, wo die Parkplätze knapp sind, und wählen die Realität, in der ein Parkplatz frei ist, sobald wir dort ankommen. Mit der Zwei-Punkt-Methode verbinden wir zwei Realitätspunkte: unsere Gegenwart im Auto und jene Zukunft, in der wir einen Parkplatz finden. Wir ignorieren all jene Realitäten, in denen wir keinen ergattern.

Dies ist grundlegend anders, als sich einen Parkplatz zu wünschen; denn das bloße Wünschen drückt zunächst einen Mangel aus. Mit Wünschen strahlen wir also Mangel aus und das Resonanzgesetz spiegelt uns entsprechend Mangel wider. Selbst wenn Wünsche manchmal in Erfüllung gehen, kommt doch immer gleich der nächste Wunsch daher; und so weiter.

Wir müssen unsere Schöpferkraft auch nicht an einen Engel abgeben, indem wir ihn zur Parkplatzsuche vorschicken, sondern wir erkennen unsere eigene Wahlfreiheit wieder an und benutzen die Zwei-Punkt-Methode als Werkzeug, um diese Wahl in unser Erfahrungsfeld hineinzubringen. Ich könnte mir vorstellen, dass sich auch die Engel riesig darüber freuen, denn an ihrer Stelle wäre mir diese leidige Beschäftigung schon richtig langweilig geworden.

Wir können eine QCT-Behandlung damit beenden, indem wir das ideale zukünftige Selbst integrieren. Wir können uns aber auch den Alltag leichter machen, angefangen von freien Parkplätzen bis zu einem Zustand des Fließens über den Tag, sodass die vielen Kleinigkeiten funktionieren und uns nicht mehr als Hindernis im Weg stehen. Wir können jedes private oder berufliche Projekt wählen und uns mit der idealen Umsetzung verbinden.

Ein Beispiel:

Dieses Buch habe ich auf folgende Weise „in die Welt gesetzt": Als ich die aktuelle Seminarsaison im April 2010 begann, hatte ich nur eine konkrete Vorstellung, was ich schreiben wollte und dass es spätestens im Herbst 2010 erscheinen sollte. Aber ich hatte noch keine einzige Zeile zu Papier gebracht. Mein zukünftiges Selbst mit einem veröffentlichten Buch in der Hand integrierte ich mit der Zwei-Punkt-Methode.

Dann machte ich mich daran, einen guten Verlag für das Buch zu finden. Da ich mir der üblichen Vorlaufzeiten im Verlagswesen bewusst war, rechnete ich nicht mit einem Erscheinen vor Weihnachten 2011. Aber ich dachte mir, dass ich das Buch auch zwischenzeitlich selbst bei Book-On-Demand (deutsch: Buch auf Bestellung) herausbringen könnte. So sprach ich meinen alten Bekannten Ralf Lederer vom Hans Nietsch Verlag an. Er meinte nur: „Dieses Thema ist jetzt brandaktuell, Warte nicht bis 2011. Wenn du es bis Ende Juni 2010 fertig hast, können wir es noch in das neue Programm aufnehmen, und es kommt diesen Herbst in die Buchläden."

Übung:

Wählen Sie ein Projekt, das Sie realisieren oder ein Erlebnis, das Sie haben wollen, und definieren Sie es so klar wie möglich. Zum Beispiel so: „Innerhalb der nächsten zwölf Monate reise ich für vier Wochen nach Japan." Finden Sie mit der Zwei-Punkt-Methode den Resonanzpunkt

Ihres zukünftigen Selbst, das diese Realität erlebt, und integrieren Sie es. Danach lassen Sie die ganze Sache innerlich los. Wenn es mit Ihrem Lebensweg übereinstimmt, wird es geschehen. Ist es nur eine Ego-Geschichte, die sie eher behindern als fördern würde, eher nicht. Nun achten Sie darauf, was sich in Bezug auf das Thema tut. Zweifeln Sie plötzlich daran, dass es klappt? Dann lösen Sie diese Zweifel umgehend auf. Kommen Ihnen konkrete Ideen oder tauchen plötzlich Informationen zum Thema auf? Folgen Sie dieser Spur. Gehen Sie spielerisch an die Sache heran. Manche Dinge funktionieren oft sogar noch besser, als wir es uns ausgemalt haben, und andere wiederum nicht. Feiern Sie Ihre Erfolge, denn nur darauf kann man aufbauen, und machen Sie einfach immer weiter, Ihr Leben kreativ zu gestalten.

Das größere Bild

Bisher habe ich hauptsächlich von unseren persönlichen Belangen gesprochen: unserer Gesundheit, Finanzen, Beziehungen und so weiter. Und was ist mit der Welt? Mit den Tieren und Pflanzen, den Mitmenschen, die leiden, und den von Menschenhand verursachten Katastrophen wie Ölpest und Waldbrände?

Wenn wir uns an die Entstehungsgeschichte des Universums erinnern, wissen wir, dass nichts von alledem wirklich geschieht. Dennoch stellt es sich für uns als eine absolut greifbare Realität dar. Es ist für uns Menschen weder befriedigend noch befreiend, einfach nur über den Dingen zu stehen, sich nicht einzulassen, weil es ja eh alles Illusion ist. Andererseits werden wir Schwierigkeiten haben, uns von der Illusion zu befreien, wenn wir sie ernst nehmen. Die Befreiung von Illusionen erlangt man nur, wenn man aufhört, an sie zu glauben.

Aber wie hören wir auf, diese hartnäckige Illusion zu glauben? Wir gehen wieder wie oben beschrieben vor: Zuerst einmal nehmen wir alles an, was ist, denn nur dann sind wir frei in unserem Handeln. Wenn wir reagieren statt agieren, sind wir in der Situation gefangen.

Dann machen wir uns bewusst, dass alles was wir als unsere Realität erfahren, lediglich unseren unbewussten Geist widerspiegelt. Deshalb können wir nur in unserem Geist eine echte Veränderung bewirken, nicht in der äußeren Welt.

Dann nehmen wir die aktuelle Situation, die uns berührt, und lösen sie mit der Zwei-Punkt-Methode auf. Aber noch wichtiger ist es, unsere Reaktionen auf die Situation zu transformieren. Aus der inneren Harmonie heraus und dem inneren Bewusstsein, dass alles schon aufgelöst ist, können wir angemessen handeln, ohne die Dualität weiter aufrechtzuerhalten. Handeln wir jedoch aus dem Bewusstsein heraus, dass „dort draußen" etwas Schreckliches passiert, weil böse Menschen böse Dinge tun und wir zu den Guten gehören, die dies aus moralischen und ethischen Gründen bekämpfen müssen, dann gießen wir nur Öl in das Feuer der Dualität. Dem Ego ist es völlig egal, ob wir gut oder böse sind, Hauptsache wir glauben an sein Dualitäts-Spiel und spielen gefälligst mit.

Ein Beispiel:

Während ich an diesem Buch arbeite, kursieren täglich E-Mails mit Bildern, die das Massenschlachten von Delfinen vor den Faröer-Inseln zeigen. Wenn wir so eine Mail erhalten und uns mit dem Thema befassen wollen, weil es uns berührt, dann ist der erste sinnvolle Schritt, die Emotionen aufzulösen, die das Thema bei uns weckt.

Zweitens sollten wir uns klar machen, dass dieser Misstand genauso wenig real ist, wie die hundert Millionen anderen, denen wir aber jetzt gerade keine Beachtung schenken. Dann können wir einen näheren Blick riskieren. Was zeigt uns die Situation? Definitiv ist es Aggression – einer der Schritte, die uns von der Einheit getrennt haben. Hier leben Menschen also die kollektive Aggression in Form von Gewalt gegen wehrlose Tiere aus. Wir machen uns erneut bewusst, dass die ganze Welt unsere Projektion ist. Alles, was wir sehen, zeigt uns einen Aspekt unseres eigenen unbewussten Geistes. Darum lösen wir jetzt die unbewusste Aggression in uns mit der Zwei-Punkt-Methode auf.

Wollen wir noch mehr dahinter schauen? Wenn ja, dann werden wir schnell die Angst erkennen, aus der diese Menschen heraus handeln. Und schließlich sehen wir auch die Verkettung mit dem Thema Schuld. Denn diese Menschen laden sich Schuld auf, indem sie sich an unschuldigen Tieren vergreifen, um ihre Angst und Aggression auszuleben.

Daher machen wir mit der Zwei-Punkt-Methode weiter und lösen Angst und Schuld in unserem Unbewussten auf. Erst wenn wir ganz im Frieden mit uns und dieser Situation sind, treten wir innerlich einen Schritt zurück, um die Situation noch besser zu überschauen, und fragen uns: „Wie können wir hier nützlich sein?" Aber wir fragen eben nicht: „Wie können wir die Situation bekämpfen?" oder „Was können wir dagegen tun?"

Nur durch ein tiefes Verständnis der Situation und unserer Klarheit, keine Partei zu ergreifen, und aus der Neutralität der bedingungslosen Liebe heraus kann unser Handeln förderlich sein. Ein paar große Geister aus der Vergangenheit und Gegenwart haben dies verstanden, etwa der Dalai Lama, Mahatma Gandhi oder Mutter Teresa.

Die Leute, die solche E-Mails versenden und zum Widerstand oder Boykott aufrufen, haben dies jedoch nicht verstanden. Sie werden auch nicht unbedingt etwas anderes erreichen als noch mehr Kampf und Leid.

Übung:
Beobachten Sie sich während der nächsten Woche ganz genau. Immer wenn Informationen (Nachrichten, Schlagzeilen, E-Mails) oder Situationen in Ihrem Leben eine Reaktion einfordern, eine Beurteilung oder eine Stellungnahme, dann halten Sie sich vorerst zurück. Nehmen Sie die Situation einfach nur an. Es ist wie es ist, weder gut noch schlecht. Lösen Sie erst alle emotionalen Reaktionen in Ihnen auf, bevor Sie sich auf die Situation einlassen. Beobachten Sie, wie anders Sie mit der Situation umgehen können und wie Sie sich dann dabei fühlen.

In der darauffolgenden Woche „fasten" Sie Informationen. Verzichten Sie auf Fernsehen, Internet, Newsletter, Zeitung und lesen Sie auch keine Schlagzeilen am Kiosk. Beobachten Sie, wie schwer Ihnen das fällt. Wie fühlen Sie sich nach dieser Woche? Hat sich die Welt – auch ohne Ihre Meinung und Emotionen zum Geschehen – weitergedreht? Geht es Ihnen denn nun besser oder schlechter, wenn Sie weniger Informationen haben, auf die Sie reagieren müssen?

Fragen und Antworten aus der Praxis

Wie die Methode wirkt

Arbeitet man bei QCT an speziellen Glaubenssätzen?

Glaubenssätze sind auch Blockaden, die wir einfach mit der Zwei-Punkt-Methode auflösen. Wir können einen Glaubenssatz haben, wie etwa: „Nur wer hart arbeitet, verdient sein täglich Brot", und diesen dann gezielt auflösen. Wir können ihn aber auch auflösen, ohne ihn uns vorher bewusst zu machen. Dabei testet man lediglich, ob es irgendeinen begrenzenden Glaubenssatz aufzulösen gibt. Erhalten wir eine positive Resonanz (Wärme, Kribbeln oder ein ähnliches Gefühl in den Händen), dann nutzen wir diese auch gleich als Lösungspunkt und geben im Innern die Anweisung: „Der Glaubenssatz ist transformiert." Zur Reinhaltung unseres Bewusstseins könnten wir auch regelmäßig die Intention setzen: „Alle hinderlichen Glaubenssätze transformieren." Dabei lassen wir uns zu dem oder den Lösungspunkt/en führen.

Sind alle Blockaden nach einem QCT-Seminar aufgelöst?

Es wird immer nur so viel aufgelöst, wie im Augenblick aufgelöst werden kann. Bei einigen Menschen ist das ganze Thema gelöst, bei anderen nur eine von mehreren Schichten des bearbeiteten Themas. Wie schnell die einzelnen Blockaden und Schichten sich lösen, hängt vom jeweiligen Thema und der Bereitschaft des Einzelnen ab, es loszulassen. Manche Themen brauchen Tage, andere Wochen und wieder andere Monate.

Wie unterscheidet sich die Zwei-Punkt-Methode von anderen Therapieformen bei der Energiearbeit?

Die Zwei-Punkt-Methode ist keine Energiearbeit. Auch wenn es auf den ersten Blick so aussehen mag, weil es um Energie geht und diese ins Fließen gebracht wird. Der markante Unterschied zur Energiearbeit besteht darin, dass die Zwei-Punkt-Methode eine Öffnung durch alle energetischen Ebenen hindurch ... zur reinen Geistebene herstellt. Der reine Geist ist keine Energie, denn diese entsteht ja erst in der Illusion von Trennung. Der Impuls aus der reinen Geistebene, der den Empfänger erreicht, führt zur Lösung der Energieblockaden. Dadurch beginnt die Energie in dessen System wieder zu fließen. Dieses Phänomen lässt sich anhand der Welle beobachten.

Wie man die Methode anwendet

Muss der Empfänger während der Behandlung fest an seinen Wunsch oder sein Ziel denken?

Nein, der Empfänger denkt nur an sein gewähltes Thema, wie es sich gerade darstellt.

Soll man bei QCT lieber mit offenen oder geschlossenen Augen arbeiten?

Einem Anfänger rate ich, die Augen offen zu lassen, aber mit verschwommenem Blick zu arbeiten. Wenn man feststellt, dass es mit geschlossenen Augen besser geht, ist das auch in Ordnung.

Kann QCT auch schädlich wirken?

Nein, da die Wirkungsweise von der reinen Geistebene gesteuert wird.

Gibt es Nebenwirkungen bei QCT?

Nein, aber es kann wie bei der Homöopathie zu einer Erstverschlimmerung kommen.

*Gibt es Fälle, bei denen man QCT nicht anwenden
sollte?*

Mir sind keine bekannt.

Kann man QCT auch überdosieren?

Nein, weil immer genau der Tranformationsprozess ausgelöst wird der gerade stimmig ist und nicht mehr.

Was hat QCT mit Hypnose gemeinsam?

Nichts, denn bei der Zwei-Punkt-Methode hat der Anwender keine Kontrolle über den Prozess, dieser wird nur von
der reinen Geistebene gesteuert.

*Was unterscheidet QCT von „Bestellungen beim Uni-
versum", von Visualisierungen oder Wunschritualen?*

Bei QCT wünschen wir uns nichts, sondern wir wählen
eine bestimmte Realität aus und integrieren diese mit
Hilfe der Zwei-Punkt-Methode in unser Erfahrungsfeld.

Muss man an QCT glauben, damit es wirkt?

Nein, das ist nicht notwendig.

*Was ist der Unterschied zwischen QCT, der Zwei-
Punkt-Methode und der Welle?*

QCT bildet als Lebensphilosophie den theoretischen Rahmen, in dem die Zwei-Punkt-Methode praktisch angewendet wird. In Verbindung mit den Denkansätzen von QCT können mit der Zwei-Punkt-Methode noch tiefer gehende Ergebnisse erzielt werden. Gleichzeitig ist die Methode austauschbar, das heißt sollte ich in Zukunft eine noch effektivere Methode als die Zwei-Punkt-Methode entdecken, könnte ich diese in QCT integrieren, ohne das philosophische Modell ändern zu müssen. Durch meine intensiven Erfahrungen mit der Methode habe ich unterschiedliche Ebenen entdeckt, zum Beispiel den zentralen Lösungspunkt oder das Anwenden der Methode ohne Hände, die in den QCT-I- bis IV-Seminaren beziehungsweise im QCT Intensiv Seminar und QCT-Retreat (ab 2011) behandelt werden. Ich lasse fortwährend neue Erkenntnisse und Techniken in mein QCT-Konzept einfließen. Die Welle ist lediglich eine Auswirkung des Impulses, der von der reinen Geistebene stammt und mit der Zwei-Punkt-Methode ausgelöst wurde.

Was kann man sich unter der Welle genau vorstellen?

Die Welle entsteht durch den Impuls der Zwei-Punkt-Methode, wenn sich blockierte Energien im System des Empfängers lösen und diese auf körperlicher Ebene sichtbar und fühlbar werden (durch Schwanken oder Umfallen).

Fühlt sich die Welle immer gleich an?

Nein, es gibt etliche Variationen, wie zum Beispiel ein kurzer Energiefluss, der die Person umwirft, spiralförmiger Energiefluss, Zittern im Körper, tiefes Atmen, sanfte Wellen, die kommen und gehen und die Person zum Schwanken bringen, u.v.m.

Wie wirkt QCT bei Sterbenden?

Es kann Schmerzen lindern, Ängste auflösen und zu einem friedvollen Übergang beitragen.

Welchen Zeitrahmen gibt es bei QCT? Wie oft muss man die Anwendung wiederholen?

Das hängt vom Transformationsprozess ab. Wann immer sich neue Schichten des Themas zeigen, setzen wir die Arbeit mit der Zwei-Punkt-Methode fort.

Sind Eigenbehandlungen mit QCT ebenso effektiv wie Fremdbehandlungen?

Grundsätzlich ja, allerdings kann man sich mit einer zu großen Verbissenheit oder Erwartungshaltung selbst im Weg stehen. Dann sollte man zuerst diesen inneren Leistungsdruck beseitigen.

Was soll man tun, wenn der durch QCT ausgelöste Veränderungsprozess zu heftig ausfällt?

Die Heftigkeit ist mit der Zwei-Punkt-Methode zu regulieren.

Anwendungsgebiete

Kann man mit QCT Elektrosmog, Handystrahlen, Erdstrahlen oder kosmische Strahlen neutralisieren? Oder empfiehlt es sich, einen Schutz in Form von energetischen oder anderen Hilfsmitteln einzusetzen?

Man kann die Hilfsmittel einsetzen wie Nahrungsergänzung, Anti-Smog- oder spezielle energetische Schutz-Systeme. Allerdings sollten wir uns bewusst sein, dass sie nur Krücken darstellen, die wir so lange brauchen, wie wir die Dinge als gut oder schlecht beurteilen und glauben, uns vor negativen Einflüssen schützen zu müssen. Deshalb arbeitet man mit der Zwei-Punkt-Methode vornehmlich daran, alles in sich aufzulösen, was einen noch in der dualistischen Welt von Gut und Böse gefangen hält. Wenn in mir nichts Negatives mehr ist, was zum Beispiel Elektrosmog eine Angriffsfläche bietet, erübrigt sich der Einsatz derartiger Hilfsmittel von allein. Das ist mein Ziel. Bis ich das erreicht habe, entscheide ich intuitiv, ob ich mir vorübergehend etwas davon zulegen will, und arbeite gleichzeitig weiter an mir mit der Zwei-Punkt-Methode.

Können wir mit Tieren arbeiten und wenn ja, wie?

Ja, wir können mit Tieren ebenso wie mit Menschen arbeiten. Wir müssen aber – wie bei der Eigenbehandlung – zuerst das Thema, an dem gearbeitet wird, so gut wie möglich definieren. Wenn sich unser Hund verletzt hat, ist es einfach: Wir setzen den Ankerpunkt für diese Verletzung und finden dann den Lösungspunkt. Können wir nicht mit Sicherheit sagen, wo das Problem liegt, aber erkennen ein Symptom, zum Beispiel Niedergeschlagenheit und Antriebslosigkeit beim Tier, dann nehmen wir die depressive Verstimmung als Ankerpunkt und finden dazu den Lösungspunkt. Die Weisheit der reinen Geistebene erkennt das gesamte Problem und führt die Lösung herbei.

Wie arbeitet man mit Babys, Kleinkindern oder Personen, die nicht aktiv mitmachen können (Komapatienten, geistig Behinderte)?

Wir verfahren nach dem gleichen Prinzip wie bei der Eigenbehandlung. Wir definieren zuerst das Thema und machen dann damit weiter, den Lösungspunkt zu ermitteln.

Kann man auch Pflanzen behandeln?

Ja, das machen wir genauso wie bei Tieren. Wir definieren das Symptom, zum Beispiel Läuse oder welke Blätter, und setzen den Ankerpunkt. Dann finden wir den Lösungspunkt.

Kann man auch mit leblosen Gegenständen arbeiten, wie zum Beispiel Computer, Auto, Handy u.s.w.?

Wenn wir uns bewusst machen, dass alles in diesem Universum aus Energie besteht und Energie entweder fließt oder stagniert, dann ist ein Computer, der nicht starten will, auch nur ein Energiefeld, in dem ein Teil der Energie nicht fließt. Wir setzen den Ankerpunkt auf das Symptom und finden den Lösungspunkt. Interessanterweise scheint es für die meisten von uns einfacher zu sein, an Menschen und Tieren zu arbeiten und dort so manche wundersame Transformation anzuregen. Mir ist es manchmal geglückt und dann wieder nicht.

Einmal konnte ich mit der Zwei-Punkt-Methode mein Auto in Gang bringen. Beim nächsten Mal klappte es nicht auf Anhieb, weil ich unter großem Zeitdruck stand und sich sofort eine gewisse Panik bei mir einstellte, als der Erfolg ausblieb. Also musste ich erst einmal an meinem emotionalen Gleichgewicht arbeiten. Nachdem ich dann den Druck und die Erwartungen losgelassen hatte, funktionierte es. Ein anderes Mal gelang es wieder nicht, aber später erwies sich dies als Segen, denn ich hatte etwas Wichtiges vergessen. Als ich hinterm Steuer saß und den streikenden Wagen mit der Zwei-Punkt-Methode starten wollte, fiel es mir siedendheiß ein. Ich rannte ins Haus und holte die Dokumente, ohne die der Trip sinnlos gewesen wäre. Danach sprang der Motor mühelos an.

Ein anderes Mal wollte mein Computer keine Verbindung zum Internet aufbauen, obwohl technisch gesehen alles in Ordnung war. Ich setzte die Zwei-Punkt-Methode ein, aber nichts tat sich. Schließlich kam ich auf die Idee, die Situation einfach als Spiegel anzunehmen und bei mir die Blockade zu lösen. In diesem Spiegel erkannte ich, dass ich trotz günstiger Voraussetzungen nicht mit dem universellen Bewusstsein verbunden war. Also löste ich alle Blockaden zu diesem Thema bei mir auf. Ich verband mich mit dem Christusgitternetz und genoss für einige Minuten dieses wunderbare Gefühl der Verbundenheit. Danach funktionierte der Internetzugang einwandfrei.

Kann man die Zwei-Punkt-Methode auch bei chronischen Krankheiten anwenden?

Grundsätzlich gilt, dass man die Methode bei jeder Erkrankung einsetzen kann. Denn alle Krankheiten lassen sich auf ein und denselben Nenner bringen: blockierte Energie. Es geht also immer nur darum, blockierte Energie wieder zum Fließen zu bringen. Obwohl es auch bei chronischen Störungen spontan zu einer Transformation kommen kann und man auch immer dafür offen sein sollte, knüpft man besser nicht seine Erwartungen daran. Diese Erwartungshaltung könnte dazu führen, dass wir nicht das volle Potenzial der Transformation ausschöpfen. Aber vor allem wären wir dann auch wieder in unserem Ego, das etwas erzwingen will. Es wird sowieso genau das geschehen, was für die empfangende Person richtig ist.

Die Themen werden generell in Schichten abgetragen. Von daher sollte man bei chronischen Erkrankungen regelmäßig daran arbeiten. Ich empfehle jeden Tag eine Behandlung, am besten morgens und dann während des Tages. Sobald Symptome wie Schmerzen, Emotionen oder negative Gedanken auftauchen, löst man diese sofort gezielt auf.

Könnte QCT für jemanden, der sehr labil oder schwer krank ist, gefährlich sein, weil es ihn überfordert?

Grundsätzlich nicht, auch wenn es manchmal so aussehen mag. Der Transformationsprozess wird von der reinen Geistebene gesteuert, sodass eine größtmögliche Auflösung stattfinden kann, die im Einklang mit dem Lebensplan des Empfängers steht. Für den einen Menschen kann das bedeuten, dass er einen sehr intensiven Prozess durchmacht, der im Nu sein ganzes Leben über den Haufen wirft. Einem anderen wäre das zu viel, darum geht bei ihm der Prozess ganz sanft vonstatten und beansprucht womöglich viele Monate. Bei QCT geschieht alles immer so, wie es für den Einzelnen am besten passt.

Bitte denken Sie immer daran, dass wir als Anwender nur eine Dienstleistung erbringen. Wir stellen uns für die Zwei-Punkt-Methode zur Verfügung, damit der reine Geist walten kann und die empfangende Person die bestmögliche Wirkung erfährt. Trotzdem ist es für einen Anwender sinnvoll, der therapeutisch mit Klienten arbeiten möchte, sich aus rein rechtlichen Gründen abzusichern. Dazu sollten Sie den Klienten vor der Behandlung eine entsprechende Erklärung unterschreiben lassen, dass er auf eigene Verantwortung an der Behandlung teilnimmt. Denn gelegentlich kann es, wie gesagt, zu einer Erstverschlimmerung kommen. Diese ist oft nur vorübergehend und stellt für die meisten Menschen keine Schwierigkeit dar. Wenn diese Erstverschlimmerung allerdings stärker ausfällt und die Person noch nicht die innere Reife besitzt, eigenverantwortlich mit ihrem Leben umzugehen, könnte der Fall eintreten, dass sie dem Behandler die Schuld gibt und ihn rechtlich belangen will. Von daher ist eine juristische Absicherung durchaus ratsam.

Welche Probleme bei der Anwendung auftreten können

Was mache ich, wenn ich keinen Lösungspunkt finde?

In Ausnahmefällen könnte eine von folgenden Ursachen vorliegen: Entweder gibt es momentan zu diesem Thema nichts aufzulösen, weil man schon alles gelöst hat oder die Person heute nicht bereit dazu ist, oder wir sind gerade so abgelenkt oder auf einen Behandlungserfolg fixiert, dass unsere Wahrnehmung blockiert ist. Dann sollten wir uns einfach entspannen, eine kleine Pause einlegen und es danach erneut versuchen. Oder wir geben uns erst einmal eine Eigenbehandlung und lösen alle Blockaden, die uns an der Arbeit hindern. Sollte das Problem nach wie vor bestehen, verschieben wir die Behandlung auf einen anderen Termin. Sollte die Störung länger anhalten, bietet es sich an, diese Blockade in uns von einem anderen Anwender mit der Zwei-Punkt-Methode lösen zu lassen.

Was mache ich, wenn ich zwar einen Lösungspunkt finde, aber keine Welle ausgelöst wird?

Prinzipiell ist das bei der Arbeit mit der Methode unmöglich. Es könnte aber sein, dass wir vorher keinen Lösungspunkt gefunden haben, auch wenn wir ihn dafür hielten. Dann sollten wir neu ansetzen oder die Hand einfach weiterwandern lassen und so den echten Lösungspunkt finden. Oder die Welle war so fein, dass wir sie nicht bemerkt haben. Da sich unsere Sinneswahrnehmung durch das Arbeiten mit der Zwei-Punkt-Methode immer mehr verfeinert, wird so etwas mit der Zeit immer seltener vorkommen. Auf jeden Fall können wir, wenn wir keine Welle gefühlt haben, einfach neu ansetzen und testen, ob es bei diesem Thema noch etwas aufzulösen gibt.

Was mache ich, wenn QCT keine Wirkung zeigt?

Bei der Zwei-Punkt-Methode gibt es immer eine Wirkung, aber manchmal ist sie nicht sofort ersichtlich. Wenn wir zum Beispiel an einem körperlichen Thema arbeiten, dann sind uns die emotionalen und mentalen Aspekte häufig kaum oder gar nicht bewusst. Wenn sich die Person nämlich vorher von ein paar schwerwiegenden Glaubensmustern lösen muss, damit eine körperliche Heilung in ihrem Weltbild überhaupt denkbar ist, kann dies einige Zeit in Anspruch nehmen. In dieser Phase erkennen wir vielleicht noch keine Veränderung beim körperlichen Thema. Also machen wir weiter, vertrauen auf die Methode und vor allem der Weisheit des reinen Geistes.

Kann ich irgendetwas falsch machen?

Nein, da nicht wir arbeiten, sondern der reine Geist durch uns. Was auch immer für die Person in Gang gesetzt werden soll, wird durch den Impuls ausgelöst, der schon lange im System vorhanden ist, bis wir schließlich die Welle erleben. Dabei ist es völlig unerheblich, ob wir die Hände wegnehmen, bevor die Welle ganz durchgelaufen ist, oder die Hände länger hochhalten, als die Welle eigentlich dauert. Die Kunst bei dieser Arbeit ist, loszulassen und alles geschehen zu lassen.

Was kann ich alles tun, wenn ich mich blockiert fühle und die Methode scheinbar nicht funktioniert?

In diesem Fall entspannen wir uns, lassen Erwartungen los und machen eine Eigenbehandlung mit dieser Blockade als Thema. Wenn das nicht reicht, versetzen wir uns in den Alpha-Zustand mit Hilfe der Meditations-CD. Danach wiederholen wir die Eigenbehandlung zur Blockade, bevor wir uns dem eigentlichen Thema zuwenden.

Wie genau muss ich das Thema formulieren, an dem ich arbeiten will?

Es genügt, sich auf ein Symptom des Themas zu konzentrieren, weil einem normalerweise das Thema in seiner ganzen Vielschichtigkeit sowieso nicht bewusst ist. Wenn einem das Knie zu schaffen macht, denken wir „Knieschmerzen" oder fühlen den Schmerz und lassen uns dann zum Lösungspunkt führen. Wenn wir ein Beziehungsthema haben, reicht es schon aus, an die Person zu denken oder an einen der letzten Konflikte. Wollen wir an einem finanziellen Thema arbeiten, denken wir an eine Rechnung, die wir nicht bezahlen können. Mehr brauchen wir nicht tun, um uns mit dem Thema zu verbinden.

Teil 4

Eine Anleitung zur persönlichen Freiheit

Das 30-Tage-Integrationsprogramm

Jetzt kommen wir zum wichtigsten Teil dieses Buches: der praktischen Anwendung all dessen, was ich Ihnen bisher vorgestellt habe. Es gibt dieses geflügelte Wort, das jeder kennt: „Wissen ist Macht." Egal wie oft es schon gebraucht wurde, man kann die Aussage so nicht stehenlassen. Richtig sollte es heißen: „Nur angewandtes Wissen ist Macht." Die Macht, von der wir hier sprechen, ist nicht diejenige über andere, sondern die Macht, sein eigenes Leben verändern zu können. Das Wissen, das Sie sich in diesem Buch angeeignet haben, wird nicht viel verändern, es sei denn, Sie wenden es an. Dann kann es Ihr Leben von Grund auf verändern, sodass Sie das Glück und die Erfüllung erfahren, wonach Sie sich immer gesehnt haben und Ihnen von jeher zusteht.

Es gibt viele Intellektuelle und Gebildete unter Esoterikern und Spirituellen, die ihr Leben damit verbringen, Wissen anzuhäufen, darüber zu diskutieren und vielleicht auch darüber zu schreiben. Aber anwenden tun sie herzlich wenig davon, und deshalb entwickeln sie sich spirituell auch kaum weiter. Da ist jemand vielleicht schlicht im Denken, ungebildet und kann sich nicht richtig ausdrücken. Aber dafür übt er täglich, das anzunehmen, was ist, und innerlich loszulassen. Dadurch agiert er immer mehr auf seiner Herzensebene und ist dem Erwachen aus dem Traum viel näher.

Hier trennt sich also die Spreu vom Weizen – und Sie müssen wählen, ob Sie zu jenen gehören wollen, die nur lesen und reden, oder zu denen, die lesen und ihr Wissen anwenden, um dann die Früchte ihrer Taten zu ernten.

Wenn Sie den größtmöglichen Nutzen aus diesem Programm ziehen wollen, gehen Sie ein echtes „Committment" (Engl.: Verpflichtung) ein, das heißt, eine Art Vertrag mit sich selbst. Sie verpflichten sich darin Ihnen gegenüber, diese 30 Tage konsequent durchzuhalten, ohne Ausnahme und ohne Unterbrechung. Wenn Sie es schaffen, belohnen Sie sich selbst. Das könnte ein Wellness-Wochenende sein, ein schönes Kleidungsstück oder ein feines Abendessen mit einem lieben Menschen. Zur Unterstützung könnten Sie sich einen „Buddy" zulegen. Das ist ein Gefährte, der das Programm zeitgleich mit Ihnen absolviert und mit dem Sie Ihre Selbstverpflichtung teilen. Das heißt, Sie unterstützen sich gegenseitig dabei, dranzubleiben. Jeden Tag tauschen Sie sich persönlich oder am Telefon aus und geben sich Tipps. Der Buddy darf keine Ausnahmen durchgehen lassen. Ausreden wie „keine Zeit", „Urlaub" oder „Krankheit" gelten nicht. 100 Prozent Verpflichtung bringen 100 Prozent Erfolg.

Betrachten Sie diesen letzten Teil des Buches als praktischen Ratgeber. Holen Sie sich einen Stift und machen sich Notizen ins Buch. Und wenn der Platz nicht ausreicht, nehmen Sie einen Block zum Schreiben.

Dies ist ein dynamischer Prozess.
Packen Sie die Sache an.
Viel Erfolg beim Integrationsprogramm!

Was ich Ihnen nachfolgend vorstelle, ist ein 30-Tage-Integrationsprogramm, bei dem Sie mit ganz einfachen Übungen und wenig Zeitaufwand jeden Tag tiefer zu Ihrem Wesenskern und so zu Ihrer inneren Freiheit vordringen können.

Im Grunde sind es drei Aspekte, die dieses Programm so wirksam machen:
o die tägliche Wiederholung über 30 Tage hinweg, was zu einer dauerhaften Umprogrammierung Ihres Systems führt

o die Anwendung der Einheitsphilosophie: Wir kämpfen nicht innerhalb der Dualität, um unsere Lage zu verbessern, sondern wir befreien uns von der Illusion der Dualität

o der Einsatz eines der kraftvollsten Transformationswerkzeuge, die es gibt: der Zwei-Punkt-Methode

Die Übungen laufen immer nach demselben Schema ab. Jeden Tag geht es um einen Leitsatz, der kurz erläutert wird. Sie sind dann aufgefordert, diesen kurzen Text morgens, möglichst gleich nach dem Aufwachen, zu lesen und ihn dann während der Alpha-Meditation in sich aufzunehmen. Die CD, die diesem Buch beiliegt, ist ein Auszug aus meiner Meditations-CD „Reise zur Quelle". Die Alpha-Meditation versetzt Sie in eine angenehme Tiefenentspannung, den sogenannten Alpha-Zustand.

Wissenschaftler haben unsere Gehirnströme gemessen und unterschiedliche Phasen der Hirnaktivität festgestellt. Wenn wir wach sind, schwingt unser Gehirn in einem Bereich von 15 bis 40 Hertz (Hz), dem sogenannten Beta-Zustand. Der Alpha-Zustand, den wir in der Meditation herbeiführen, ist im Bereich zwischen 7 und 14 Hz angesiedelt. Es ist ein angenehmer, entspannter Zustand, der sich bestens für kreatives Arbeiten, zum Heilen, für Eingebungen und zum Finden von Antworten eignet.

Darauf folgt die Theta-Ebene mit 4 bis 7 Hz, die den Übergang in den Schlafzustand und in die Traumphasen kennzeichnet. In dieser wesentlich tieferen Entspannung haben wir auch einen besseren Zugang zu unserer Herzensebene. Das machen wir uns bei dieser Arbeit zunutze. Schließlich kommen wir zur Delta-Ebene (1 bis 3 Hz), die wir nur im Tiefschlaf oder Koma erleben, also normalerweise nie bewusst.

Auf meiner Meditations-CD „Reise zur Quelle" gehen wir nicht nur in den Delta-Bereich, sondern verbinden uns von dort mit unserer Seele; wir durchqueren das ganze illusorische Universum und vereinigen uns wieder mit der Quelle. Mehr Informationen hierzu finden Sie im Anhang.

Außerdem stellen Sie sich vor der Meditation die Fragen des Tages:

o Was müsste ich denken, um etwas Neues zu erleben?
o Was wähle ich heute zu erleben?
o Welches Potenzial wähle ich heute zu entfalten?
o Welche Erlebnisse würden mein schlummerndes Potenzial wecken?

Schreiben Sie sich die Antworten entweder gleich oder kurz nach der Meditation auf. Außerdem können Sie das, was Sie für den jeweiligen Tag ausgewählt haben, bei der Meditation visualisieren und sich gefühlsmäßig hineinversetzen.

Während oder am Ende der Meditation transformieren Sie alles, was an störenden Emotionen und Gedanken zu Ihrem idealen Tag aufgetaucht ist. Schließlich integrieren Sie den idealen Tag mit der Zwei-Punkt-Methode.

Dann lassen Sie sich von dem Leitsatz in den Tag begleiten und erinnern sich bewusst und so oft wie möglich daran. Schreiben Sie den Gedanken auf einen Zettel und bringen Sie ihn gut sichtbar, zum Beispiel an Ihrem Computer, an. Ideal wäre es, wenn Sie jede Stunde eine Minute lang oder wenigstens für ein paar Atemzüge die Augen schließen und dabei an Ihren Leitsatz denken.

Sobald Sie merken, dass Sie sich daran hindern, den heutigen Leitsatz oder das vorgenommene Thema zu erfahren, sei es durch negative Gedanken, Emotionen oder die Fixierung auf äußere Probleme, halten Sie inne und lösen die Blockade mit der Zwei-Punkt-Methode auf. Warten Sie ein paar Augenblicke, bis Sie spüren, wie die Energie wieder fließt, und fahren erst dann mit Ihrer vorherigen Tätigkeit fort. Wiederholen Sie dies so oft es nötig und möglich ist.

Abends vor dem Einschlafen lassen Sie den Tag noch einmal Revue passieren und erinnern sich an alles, was Sie beeinträchtigt hat – negativen Reaktionen, Gefühle oder Gedanken. Lösen Sie diese Situationen im Nachhinein mit der Zwei-Punkt-Methode auf und halten Sie sie kurz in Stichpunkten fest, ebenso wie die positiven Dinge: Erfolge, schöne Erlebnisse, Momente des Glücks.

Abschließend legen Sie die Alpha-Theta-Meditations-CD ein, entspannen sich und lassen die Höhepunkte des Tages noch einmal vor Ihrem inneren Auge vorbeiziehen. Empfinden Sie ganz bewusst Freude und Dankbarkeit für alles. Ihre Erfolgserlebnisse werden Sie aufbauen, und Sie schlafen entspannt und mit Dankbarkeit im Herzen ein. Das ist eine viel bessere Basis als die Spätnachrichten.

So einfach diese Methode ist, so wirksam ist sie auch. Durch die stetige Fokussierung unseres Geistes, weg von der Ego-Illusion hin zur einen Realität, erfahren wir einen tiefgehenden Wandel. Unsere verzerrte Wahrnehmung heilt und wird durch die Schau ersetzt, sodass sich unser Leben komplett und von Grund auf ändert.

Das Integrationsprogramm funktioniert vor allem deshalb so gut, weil Sie die Zwei-Punkt-Methode fortwährend anwenden. Wenn Sie erst einmal am eigenen Leib erfahren, wie schnell und tief greifend sich Ihr Leben zum Besseren wandelt, werden Sie sie gar nicht mehr missen wollen.

1. Tag

Leitgedanke des Tages:

Diese Welt findet in meinem Geist statt.

Erläuterung:

Da die Trennung nie stattgefunden hat, ist jede Wahrnehmung einer von mir getrennten Welt voller Gegensätze eine Illusion. Was ich im scheinbar Äußeren wahrnehme, ist nur die Projektion meiner unbewussten Glaubenssätze. Somit findet diese Welt nicht dort draußen statt, sondern in meinem Geist.

Fragen:

o Was müsste ich denken, um etwas Neues zu erleben?

o Was wähle ich heute zu erleben?

o Welches Potenzial wähle ich heute zu entfalten?

o Welche Erlebnisse würden mein schlummerndes Potenzial wecken?

Antworten:

Morgens: Die Meditations-CD einlegen, den idealen Tag voraussehen, alle Blockaden dazu transformieren und das ideale Ergebnis integrieren

Tagsüber: Sich den Leitsatz immer wieder bewusst machen und so oft wie nötig und möglich alle akuten Emotionen, begrenzenden Gedanken und negativen Situationen auflösen

Abends: Tagesauswertung – den Tag Revue passieren lassen und nachträglich alle blockierten Energien des Tages auflösen sowie Höhepunkte und Erfolge notieren

Notizen:

Abschließend die Meditations-CD einlegen, in den Theta-Zustand übergehen und Dankbarkeit für die Erfolge und schönen Erlebnisse empfinden

2. Tag

Leitgedanke des Tages:

Alles, was ich sehe, ist nur eine Projektion.

Erläuterung:

Seitdem ich dem Ego seine Geschichte der Trennung geglaubt habe und mich mit ihm identifiziere, erlebe ich nur noch die Projektionen meines unbewussten Geistes als scheinbare äußere Realität. Je öfter ich mir dies bewusst mache, umso mehr Abstand gewinne ich zu diesen Projektionen und kann meine Entscheidungen wieder bewusster treffen.

Fragen:

o Was müsste ich denken, um etwas Neues zu erleben?

o Was wähle ich heute zu erleben?

o Welches Potenzial wähle ich heute zu entfalten?

o Welche Erlebnisse würden mein schlummerndes Potenzial wecken?

Antworten:

Morgens: Die Meditations-CD einlegen, den idealen Tag voraussehen, alle Blockaden dazu transformieren und das ideale Ergebnis integrieren

Tagsüber: Sich den Leitsatz immer wieder bewusst machen und so oft wie nötig und möglich alle akuten Emotionen, begrenzenden Gedanken und negativen Situationen auflösen

Abends: Tagesauswertung – den Tag Revue passieren lassen und nachträglich alle blockierten Energien des Tages auflösen sowie Höhepunkte und Erfolge notieren

Notizen:

Abschließend die Meditations-CD einlegen, in den Theta-Zustand übergehen und Dankbarkeit für die Erfolge und schönen Erlebnisse empfinden

3. Tag

Leitgedanke des Tages:

Mit jedem Urteil verletze ich mich selbst.

Erläuterung:

Urteilen ist eines der grundlegendsten Ego-Programme, denn es ist ein einfacher und zugleich effektiver Mechanismus, um mich im Bewusstsein der Trennung zu halten. Jedes Mal wenn ich etwas beurteile (egal ob ich positiv oder negativ urteile), distanziere ich mich vom beurteilten Objekt und bestätige mir selbst die anscheinende Realität von Trennung. Dadurch schade ich mir selbst auf der grundlegendsten Ebene, da ich mir die Liebe verweigere, die ich bin. Jedes Mal wenn ich bewusst *nicht* urteile und dafür annehme, was ist, beschenke ich mich mit dem Glück der bedingungslosen Liebe.

Fragen:

o Was müsste ich denken, um etwas Neues zu erleben?

o Was wähle ich heute zu erleben?

o Welches Potenzial wähle ich heute zu entfalten?

o Welche Erlebnisse würden mein schlummerndes Potenzial wecken?

Antworten:

Morgens: Die Meditations-CD einlegen, den idealen Tag voraussehen, alle Blockaden dazu transformieren und das ideale Ergebnis integrieren

Tagsüber: Sich den Leitsatz immer wieder bewusst machen und so oft wie nötig und möglich alle akuten Emotionen, begrenzenden Gedanken und negativen Situationen auflösen

Abends: Tagesauswertung – den Tag Revue passieren lassen und nachträglich alle blockierten Energien des Tages auflösen sowie Höhepunkte und Erfolge notieren

Notizen:

Abschließend die Meditations-CD einlegen, in den Theta-Zustand übergehen und Dankbarkeit für die Erfolge und schönen Erlebnisse empfinden

4. Tag

Leitgedanke des Tages:

Alles, was mich stört, ist eine Gelegenheit zur Befreiung.

Erläuterung:

Jede Situation, die mich in irgendeiner Weise stört, irritiert, ärgert oder sonst wie reagieren lässt, ist ein Hinweis, dass ich an die Illusion von Trennung glaube. Wenn ich in diesem Augenblick innehalte und bewusst die Wahl treffe, diese blockierte Energie aufzulösen, gewinne ich ein Stück innerer Freiheit. Wenn ich es nicht tue, bleibe ich der Ego-Illusion verhaftet und ein Gefangener meiner eigenen Projektionen.

Fragen:

o Was müsste ich denken, um etwas Neues zu erleben?

o Was wähle ich heute zu erleben?

o Welches Potenzial wähle ich heute zu entfalten?

o Welche Erlebnisse würden mein schlummerndes Potenzial wecken?

Antworten:

Morgens: Die Meditations-CD einlegen, den idealen Tag voraussehen, alle Blockaden dazu transformieren und das ideale Ergebnis integrieren

Tagsüber: Sich den Leitsatz immer wieder bewusst machen und so oft wie nötig und möglich alle akuten Emotionen, begrenzenden Gedanken und negativen Situationen auflösen

Abends: Tagesauswertung – den Tag Revue passieren lassen und nachträglich alle blockierten Energien des Tages auflösen sowie Höhepunkte und Erfolge notieren

Notizen:

Abschließend die Mcditations-CD einlegen, in den Theta-Zustand übergehen und Dankbarkeit für die Erfolge und schönen Erlebnisse empfinden.

5. Tag

Leitgedanke des Tages:

Die Befreiung von Illusionen erlangt man, indem man nicht mehr an die Illusionen glaubt.

Erläuterung:

Man befreit sich nicht von Illusionen, indem man sie bekämpft oder durch andere ersetzt. Dies ist die Taktik des Ego; ihm ist es egal, ob man still unter den Illusionen leidet oder gegen sie Sturm läuft. In beiden Fällen macht man sie wirklich und ist mit ihnen beschäftigt. Nur wenn man die Illusionen nicht mehr für wahr hält, entzieht man ihnen die Energie, die sie zum Fortbestehen brauchen. Mit jeder Anwendung der Zwei-Punkt-Methode wählt man die Wahrheit anstelle der Illusion und macht sich immer mehr davon frei.

Fragen:

o Was müsste ich denken, um etwas Neues zu erleben?

o Was wähle ich heute zu erleben?

o Welches Potenzial wähle ich heute zu entfalten?

o Welche Erlebnisse würden mein schlummerndes Potenzial wecken?

Antworten:

Morgens: Die Meditations-CD einlegen, den idealen Tag voraussehen, alle Blockaden dazu transformieren und das ideale Ergebnis integrieren

Tagsüber: Sich den Leitsatz immer wieder bewusst machen und so oft wie nötig und möglich alle akuten Emotionen, begrenzenden Gedanken und negativen Situationen auflösen

Abends: Tagesauswertung – den Tag Revue passieren lassen und nachträglich alle blockierten Energien des Tages auflösen sowie Höhepunkte und Erfolge notieren

Notizen:

Abschließend die Meditations-CD einlegen, in den Theta-Zustand übergehen und Dankbarkeit für die Erfolge und schönen Erlebnisse empfinden

6. Tag

Leitgedanke des Tages:

Zeit ist eine Illusion.

Erläuterung:

Die Illusion der Zeit erlaubt dem Ego, uns ständig von der Realität, die jetzt ist, abzulenken. Entweder hält das Ego uns eine Karotte vor die Nase und lässt uns glauben, dass etwas erst in Zukunft besser wird, oder es lässt uns mit Schuldgefühlen oder Wehmut der Vergangenheit nachtrauern. Indem wir das, was gerade ist, annehmen und etwaige Blockaden lösen, bleiben wir im Fluss des Augenblicks. Der Augenblick ist der Zugang zum Erleben unseres Seins.

Fragen:

o Was müsste ich denken, um etwas Neues zu erleben?

o Was wähle ich heute zu erleben?

o Welches Potenzial wähle ich heute zu entfalten?

o Welche Erlebnisse würden mein schlummerndes Potenzial wecken?

Antworten:

Morgens: Die Meditations-CD einlegen, den idealen Tag voraussehen, alle Blockaden dazu transformieren und das ideale Ergebnis integrieren

Tagsüber: Sich den Leitsatz immer wieder bewusst machen und so oft wie nötig und möglich alle akuten Emotionen, begrenzenden Gedanken und negativen Situationen auflösen

Abends: Tagesauswertung – den Tag Revue passieren lassen und nachträglich alle blockierten Energien des Tages auflösen sowie Höhepunkte und Erfolge notieren

Notizen:

Abschließend die Meditations-CD einlegen, in den Theta-Zustand übergehen und Dankbarkeit für die Erfolge und schönen Erlebnisse empfinden

7. Tag

Leitgedanke des Tages:

Ich bin schon jetzt frei.

Erläuterung:

Da Zeit eine Illusion ist und da Trennung nie wirklich stattgefunden hat, bin ich schon frei. Hier und jetzt ist alles vollkommen, egal ob die Umstände im Außen mir dies bestätigen oder nicht. Will mir das Ego anhand von äußeren Einschränkungen beweisen, dass ich nicht frei bin, wähle ich, ihm keine Bedeutung beizumessen. Ich erkenne sie stattdessen als gute Gelegenheit, mich von diesen Illusionen zu befreien.

Fragen:

o Was müsste ich denken, um etwas Neues zu erleben?

o Was wähle ich heute zu erleben?

o Welches Potenzial wähle ich heute zu entfalten?

o Welche Erlebnisse würden mein schlummerndes Potenzial wecken?

Antworten:

Morgens: Die Meditations-CD einlegen, den idealen Tag voraussehen, alle Blockaden dazu transformieren und das ideale Ergebnis integrieren

Tagsüber: Sich den Leitsatz immer wieder bewusst machen und so oft wie nötig und möglich alle akuten Emotionen, begrenzenden Gedanken und negativen Situationen auflösen

Abends: Tagesauswertung – den Tag Revue passieren lassen und nachträglich alle blockierten Energien des Tages auflösen sowie Höhepunkte und Erfolge notieren

Notizen:

Abschließend die Meditations-CD einlegen, in den Theta-Zustand übergehen und Dankbarkeit für die Erfolge und schönen Erlebnisse empfinden

8. Tag

Leitgedanke des Tages:

Ich befreie meinen Geist und damit die Welt.

Erläuterung:

Indem ich meinen Geist von der Identifikation mit der Illusion befreie, befreie ich die ganze Welt. Denn die Welt ist das Ergebnis meiner unbewussten Projektionen. Wenn ich dies hundertprozentig annehme, übernehme ich die volle Verantwortung für meine Schöpfung und nehme gleichzeitig meine Schöpferkraft wieder an.

Fragen:

o Was müsste ich denken, um etwas Neues zu erleben?

o Was wähle ich heute zu erleben?

o Welches Potenzial wähle ich heute zu entfalten?

o Welche Erlebnisse würden mein schlummerndes Potenzial wecken?

Antworten:

Morgens: Die Meditations-CD einlegen, den idealen Tag voraussehen, alle Blockaden dazu transformieren und das ideale Ergebnis integrieren

Tagsüber: Sich den Leitsatz immer wieder bewusst machen und so oft wie nötig und möglich alle akuten Emotionen, begrenzenden Gedanken und negativen Situationen auflösen

Abends: Tagesauswertung – den Tag Revue passieren lassen und nachträglich alle blockierten Energien des Tages auflösen sowie Höhepunkte und Erfolge notieren

Notizen:

Abschließend die Meditations CD einlegen, in den Theta-Zustand übergehen und Dankbarkeit für die Erfolge und schönen Erlebnisse empfinden

9. Tag

Leitgedanke des Tages:

Ich bin nicht mein Körper.

Erläuterung:

Wenn es nach dem Ego geht, ist der Körper des Menschen die Krönung der Schöpfung, weil er in einer Welt der abertausend Unterschiede die ultimative Trennung symbolisiert. Durch die Wahrnehmung meines Körpers als individuell bin ich ganz besonders dieser Illusion verhaftet. Heute wähle ich, mich immer daran zu erinnern, dass ich nicht mein Körper bin, sondern reiner Geist – und zwar jedes Mal, wenn mir mein Erleben das Gegenteil weismachen will. Gute Gelegenheiten hierzu sind Schmerzen, Hunger, Gelüste, Kälte- und Hitzeempfinden und so weiter. Ich spüre die Sinneswahrnehmung meines Körpers, erinnere mich an die Wahrheit und löse die Gleichsetzung mit meinem Körper durch die Zwei-Punkt-Methode auf.

Fragen:

o Was müsste ich denken, um etwas Neues zu erleben?

o Was wähle ich heute zu erleben?

o Welches Potenzial wähle ich heute zu entfalten?

o Welche Erlebnisse würden mein schlummerndes Potenzial wecken?

Antworten:

Morgens: Die Meditations-CD einlegen, den idealen Tag voraussehen, alle Blockaden dazu transformieren und das ideale Ergebnis integrieren

Tagsüber: Sich den Leitsatz immer wieder bewusst machen und so oft wie nötig und möglich alle akuten Emotionen, begrenzenden Gedanken und negativen Situationen auflösen

Abends: Tagesauswertung – den Tag Revue passieren lassen und nachträglich alle blockierten Energien des Tages auflösen sowie Höhepunkte und Erfolge notieren

Notizen:

Abschließend die Meditations-CD einlegen, in den Theta-Zustand übergehen und Dankbarkeit für die Erfolge und schönen Erlebnisse empfinden

10. Tag

Leitgedanke des Tages:

Krankheit ist die Ablehnung der Wahrheit.

Erläuterung:

Krankheit ist eine Flucht vor der Wahrheit, dass ich nicht mein Körper und deshalb frei bin. Um mir zu beweisen, dass ich doch eins mit dem Körper und völlig abhängig von seinem Zustand bin, führt mein egoverhafteter Geist die Erfahrung von Krankheit herbei, wann immer er sich zu sehr bedroht fühlt. Je mehr mein Ego sich bedroht fühlt, umso intensiver wird die Krankheit oder der Schmerz. Somit besitzen Krankheiten aber auch viel Potenzial zur Transformation, wenn man sie dazu hernimmt.

Fragen:

o Was müsste ich denken, um etwas Neues zu erleben?

o Was wähle ich heute zu erleben?

o Welches Potenzial wähle ich heute zu entfalten?

o Welche Erlebnisse würden mein schlummerndes Potenzial wecken?

Antworten:

Morgens: Die Meditations-CD einlegen, den idealen Tag voraussehen, alle Blockaden dazu transformieren und das ideale Ergebnis integrieren

Tagsüber: Sich den Leitsatz immer wieder bewusst machen und so oft wie nötig und möglich alle akuten Emotionen, begrenzenden Gedanken und negativen Situationen auflösen

Abends: Tagesauswertung – den Tag Revue passieren lassen und nachträglich alle blockierten Energien des Tages auflösen sowie Höhepunkte und Erfolge notieren

Notizen:

Abschließend die Meditations-CD einlegen, in den Theta-Zustand übergehen und Dankbarkeit für die Erfolge und schönen Erlebnisse empfinden

11. Tag

Leitgedanke des Tages:

Die einzig wahre Heilung findet im Geist statt.

Erläuterung:

Da mein Körper nicht wirklich existiert und Krankheit nur ein Versuch des Ego ist, meinen Körper und diese Welt als real hinzustellen, kann wahre Heilung nur dort stattfinden, wo auch die Einbildung von Krankheit einst entstand – im Geist. Wäre Heilung rein auf körperlicher Ebene möglich, würde dies nicht nur die Krankheit und den Körper wahr machen, sondern diese ganze Welt der Gegensätze noch dazu.

Fragen:

o Was müsste ich denken, um etwas Neues zu erleben?

o Was wähle ich heute zu erleben?

o Welches Potenzial wähle ich heute zu entfalten?

o Welche Erlebnisse würden mein schlummerndes Potenzial wecken?

Antworten:

Morgens: Die Meditations-CD einlegen, den idealen Tag voraussehen, alle Blockaden dazu transformieren und das ideale Ergebnis integrieren

Tagsüber: Sich den Leitsatz immer wieder bewusst machen und so oft wie nötig und möglich alle akuten Emotionen, begrenzenden Gedanken und negativen Situationen auflösen

Abends: Tagesauswertung – den Tag Revue passieren lassen und nachträglich alle blockierten Energien des Tages auflösen sowie Höhepunkte und Erfolge notieren

Notizen:

Abschließend die Meditations-CD einlegen, in den Theta-Zustand übergehen und Dankbarkeit für die Erfolge und schönen Erlebnisse empfinden

12. Tag

Leitgedanke des Tages:

Ich bin unsterblich und frei.

Erläuterung:

Meine Sterblichkeit und Unfreiheit beginnen, sobald ich mich als Individuum bestehend aus Seele, Persönlichkeit und Körper sehe. In dem Augenblick, wenn ich diese Identifikation ablege, erkenne ich, dass ich nie wirklich geboren wurde und folglich auch nie sterben kann, dass ich nie von der Quelle getrennt war und somit nie unfrei war. Wann immer ich mich als unfrei erlebe, erinnere ich mich an die Wahrheit und löse die Illusion mit der Zwei-Punkt-Methode auf.

Fragen:

o Was müsste ich denken, um etwas Neues zu erleben?

o Was wähle ich heute zu erleben?

o Welches Potenzial wähle ich heute zu entfalten?

o Welche Erlebnisse würden mein schlummerndes Potenzial wecken?

Antworten:

Morgens: Die Meditations-CD einlegen, den idealen Tag voraussehen, alle Blockaden dazu transformieren und das ideale Ergebnis integrieren

Tagsüber: Sich den Leitsatz immer wieder bewusst machen und so oft wie nötig und möglich alle akuten Emotionen, begrenzenden Gedanken und negativen Situationen auflösen

Abends: Tagesauswertung – den Tag Revue passieren lassen und nachträglich alle blockierten Energien des Tages auflösen sowie Höhepunkte und Erfolge notieren

Notizen:

Abschließend die Meditations-CD einlegen, in den Theta-Zustand übergehen und Dankbarkeit für die Erfolge und schönen Erlebnisse empfinden

13. Tag

Leitgedanke des Tages:

Es gibt keinen Mangel, außer den an Liebe, und selbst dieser ist nicht echt.

Erläuterung:

Das Ego will mir einreden, dass ich alle möglichen Arten von Mangel leide. Einmal soll es Mangel an Geld sein, dann wieder an Gesundheit, Freunden, Anerkennung, Ideen, Lebensfreude und, und, und ... Unterm Strich lassen sich jedoch alle diese verschiedenen Mangelarten auf einen einzigen Mangel reduzieren, den Mangel an Liebe. und dies ist ein kompletter Irrtum, denn ich bin Liebe.

Fragen:

o Was müsste ich denken, um etwas Neues zu erleben?
o Was wähle ich heute zu erleben?
o Welches Potenzial wähle ich heute zu entfalten?
o Welche Erlebnisse würden mein schlummerndes Potenzial wecken?

Antworten:

Morgens: Die Meditations-CD einlegen, den idealen Tag voraussehen, alle Blockaden dazu transformieren und das ideale Ergebnis integrieren

Tagsüber: Sich den Leitsatz immer wieder bewusst machen und so oft wie nötig und möglich alle akuten Emotionen, begrenzenden Gedanken und negativen Situationen auflösen

Abends: Tagesauswertung – den Tag Revue passieren lassen und nachträglich alle blockierten Energien des Tages auflösen sowie Höhepunkte und Erfolge notieren

Notizen:

Abschließend die Meditations-CD einlegen, in den Theta-Zustand übergehen und Dankbarkeit für die Erfolge und schönen Erlebnisse empfinden

14. Tag

Leitgedanke des Tages:

Die Liebe hat mich erschaffen wie sich selbst.

Erläuterung:

Die eine, immerwährende und allgegenwärtige Wirklichkeit ist reine bedingungslose Liebe und kann nur durch die Ausdehnung ihrer selbst erschaffen. Und sie kann nur nach dem eigenen Ebenbild erschaffen. Wie könnte die Liebe etwas anderes hervorbringen als sich selbst? Wie könnte sie Schuld, Angst oder Aggression erschaffen? Es wäre keine Liebe, wenn sie Leiden entstehen ließe. Dies vermag sie nicht, und alles, was nicht der wahren Liebe entspringt, ist nicht wirklich. Da mich die Liebe wie sich selbst erschaffen hat, bin ich reine bedingungslose Liebe.

Fragen:

o Was müsste ich denken, um etwas Neues zu erleben?

o Was wähle ich heute zu erleben?

o Welches Potenzial wähle ich heute zu entfalten?

o Welche Erlebnisse würden mein schlummerndes Potenzial wecken?

Antworten:

Morgens: Die Meditations-CD einlegen, den idealen Tag voraussehen, alle Blockaden dazu transformieren und das ideale Ergebnis integrieren

Tagsüber: Sich den Leitsatz immer wieder bewusst machen und so oft wie nötig und möglich alle akuten Emotionen, begrenzenden Gedanken und negativen Situationen auflösen

Abends: Tagesauswertung – den Tag Revue passieren lassen und nachträglich alle blockierten Energien des Tages auflösen sowie Höhepunkte und Erfolge notieren

Notizen:

Abschließend die Meditations-CD einlegen, in den Theta-Zustand übergehen und Dankbarkeit für die Erfolge und schönen Erlebnisse empfinden

15. Tag

Leitgedanke des Tages:

Ich bin immer noch so, wie die Liebe mich erschaffen hat.

Erläuterung:

Auch wenn mir mein Alltag oft den gegenteiligen Eindruck vermittelt, so bleibt die Tatsache doch bestehen: Ich bin immer noch so, wie mich die Liebe erschaffen hat, da eine Trennung nie stattgefunden hat. Somit ist meine Aufgabe heute, mich jedes Mal daran zu erinnern, wenn die äußere Realität mich glauben machen will, dass ich etwas anderes als Liebe bin.

Fragen:

o Was müsste ich denken, um etwas Neues zu erleben?

o Was wähle ich heute zu erleben?

o Welches Potenzial wähle ich heute zu entfalten?

o Welche Erlebnisse würden mein schlummerndes Potenzial wecken?

Antworten:

Morgens: Die Meditations-CD einlegen, den idealen Tag voraussehen, alle Blockaden dazu transformieren und das ideale Ergebnis integrieren

Tagsüber: Sich den Leitsatz immer wieder bewusst machen und so oft wie nötig und möglich alle akuten Emotionen, begrenzenden Gedanken und negativen Situationen auflösen

Abends: Tagesauswertung – den Tag Revue passieren lassen und nachträglich alle blockierten Energien des Tages auflösen sowie Höhepunkte und Erfolge notieren

Notizen:

Abschließend die Meditations-CD einlegen, in den Theta-Zustand übergehen und Dankbarkeit für die Erfolge und schönen Erlebnisse empfinden

---
16. Tag

Leitgedanke des Tages:

Emotionen sind eine Verleugnung der Liebe.

Erläuterung:

Anders als Gefühle, die ein Ausdruck von Liebe sind, sind Emotionen eine Verleugnung der Liebe. Denn sie bestärken das scheinbare Vorhandensein der Trennung. Schuld, Angst und Aggression, die allesamt auf Trennung basieren, werden täglich in tausenden Varianten und Abstufungen ausgelebt und binden uns so an die Illusion. Heute wähle ich, Emotionen aufzulösen und an ihrer Stelle wieder echte Gefühle wie Freude, Frieden und Fülle wahrzunehmen.

Fragen:

o Was müsste ich denken, um etwas Neues zu erleben?

o Was wähle ich heute zu erleben?

o Welches Potenzial wähle ich heute zu entfalten?

o Welche Erlebnisse würden mein schlummerndes Potenzial wecken?

Antworten:

Morgens: Die Meditations-CD einlegen, den idealen Tag voraussehen, alle Blockaden dazu transformieren und das ideale Ergebnis integrieren

Tagsüber: Sich den Leitsatz immer wieder bewusst machen und so oft wie nötig und möglich alle akuten Emotionen, begrenzenden Gedanken und negativen Situationen auflösen

Abends: Tagesauswertung – den Tag Revue passieren lassen und nachträglich alle blockierten Energien des Tages auflösen sowie Höhepunkte und Erfolge notieren

Notizen:

Abschließend die Meditations-CD einlegen, in den Theta-Zustand übergehen und Dankbarkeit für die Erfolge und schönen Erlebnisse empfinden

--------------------- *17. Tag* ---------------------

Leitgedanke des Tages:

Liebe ist in allem, was ich sehe, weil sie in meinem Geist ist.

Erläuterung:

Heute erinnere ich mich so oft wie irgend möglich daran, dass alles, was ich im Außen zu sehen glaube, in Wahrheit in meinem Geiste stattfindet. Ich erinnere mich auch daran, dass die Liebe in meinem Geist ist. Somit steckt hinter allem „dort draußen" die Liebe.

Fragen:

o Was müsste ich denken, um etwas Neues zu erleben?

o Was wähle ich heute zu erleben?

o Welches Potenzial wähle ich heute zu entfalten?

o Welche Erlebnisse würden mein schlummerndes Potenzial wecken?

Antworten:

Morgens: Die Meditations-CD einlegen, den idealen Tag voraussehen, alle Blockaden dazu transformieren und das ideale Ergebnis integrieren

Tagsüber: Sich den Leitsatz immer wieder bewusst machen und so oft wie nötig und möglich alle akuten Emotionen, begrenzenden Gedanken und negativen Situationen auflösen

Abends: Tagesauswertung – den Tag Revue passieren lassen und nachträglich alle blockierten Energien des Tages auflösen sowie Höhepunkte und Erfolge notieren

Notizen:

Abschließend die Meditations-CD einlegen, in den Theta-Zustand übergehen und Dankbarkeit für die Erfolge und schönen Erlebnisse empfinden

18. Tag

Leitgedanke des Tages:

Ich bin Liebe.

Erläuterung:
Es gibt nur ein Sein und das ist Liebe. Ich bin Teil dieses Seins und somit auch der Liebe. Das ist alles, was echt ist, alles andere muss eine Illusion sein. Ich erinnere mich ständig daran: *Ich bin Liebe.*

Fragen:
o Was müsste ich denken, um etwas Neues zu erleben?
o Was wähle ich heute zu erleben?
o Welches Potenzial wähle ich heute zu entfalten?
o Welche Erlebnisse würden mein schlummerndes Potenzial wecken?

Antworten:

Morgens: Die Meditations-CD einlegen, den idealen Tag voraussehen, alle Blockaden dazu transformieren und das ideale Ergebnis integrieren

Tagsüber: Sich den Leitsatz immer wieder bewusst machen und so oft wie nötig und möglich alle akuten Emotionen, begrenzenden Gedanken und negativen Situationen auflösen

Abends: Tagesauswertung – den Tag Revue passieren lassen und nachträglich alle blockierten Energien des Tages auflösen sowie Höhepunkte und Erfolge notieren

Notizen:

Abschließend die Meditations CD einlegen, in den Theta-Zustand übergehen und Dankbarkeit für die Erfolge und schönen Erlebnisse empfinden

19. Tag

Leitgedanke des Tages:

Ich bin Freude.

Erläuterung:

Da die Trennung nie stattgefunden hat, bin ich nach wie vor eins mit der Quelle allen Seins. Das Einssein mit allem in einem immerwährenden Zustand von grenzenloser Ausdehnung und Schöpfung ist der Inbegriff von Freude. Diese Freude ist rein und klar, da sie keinen Anlass im Äußeren braucht. Sie ist kraftvoll und lebendig und zugleich still: fein und subtil. Freude sprudelt durch mich in die Welt.

Fragen:

o Was müsste ich denken, um etwas Neues zu erleben?
o Was wähle ich heute zu erleben?
o Welches Potenzial wähle ich heute zu entfalten?
o Welche Erlebnisse würden mein schlummerndes Potenzial wecken?

Antworten:

Morgens: Die Meditations-CD einlegen, den idealen Tag voraussehen, alle Blockaden dazu transformieren und das ideale Ergebnis integrieren

Tagsüber: Sich den Leitsatz immer wieder bewusst machen und so oft wie nötig und möglich alle akuten Emotionen, begrenzenden Gedanken und negativen Situationen auflösen

Abends: Tagesauswertung – den Tag Revue passieren lassen und nachträglich alle blockierten Energien des Tages auflösen sowie Höhepunkte und Erfolge notieren

Notizen:

Abschließend die Meditations-CD einlegen, in den Theta-Zustand übergehen und Dankbarkeit für die Erfolge und schönen Erlebnisse empfinden

20. Tag

Leitgedanke des Tages:

Ich bin Frieden.

Erläuterung:

Weil die Trennung nur eine Illusion ist, kann sie mein wahres Wesen nicht antasten oder ihm Schaden zufügen. Nur Illusionen wie Körper und Materie können zerstört werden, nicht aber wer ich wirklich bin. Heute ruhe ich in dieser Gewissheit, strahle Ruhe und Frieden aus und erfahre Frieden als Konsequenz.

Fragen:

o Was müsste ich denken, um etwas Neues zu erleben?

o Was wähle ich heute zu erleben?

o Welches Potenzial wähle ich heute zu entfalten?

o Welche Erlebnisse würden mein schlummerndes Potenzial wecken?

Antworten:

Morgens: Die Meditations-CD einlegen, den idealen Tag voraussehen, alle Blockaden dazu transformieren und das ideale Ergebnis integrieren

Tagsüber: Sich den Leitsatz immer wieder bewusst machen und so oft wie nötig und möglich alle akuten Emotionen, begrenzenden Gedanken und negativen Situationen auflösen

Abends: Tagesauswertung – den Tag Revue passieren lassen und nachträglich alle blockierten Energien des Tages auflösen sowie Höhepunkte und Erfolge notieren

Notizen:

Abschließend die Meditations-CD einlegen, in den Theta-Zustand übergehen und Dankbarkeit für die Erfolge und schönen Erlebnisse empfinden

21. Tag

Leitgedanke des Tages:

Ich bin Fülle.

Erläuterung:

Ich bin nach wie vor eins mit der Quelle allen Seins, daher bin ich eins mit allem, was wirklich existiert – der grenzenlosen Fülle. Sobald mich das Ego durch äußeren Mangel von der Fülle meines Seins ablenken will, erinnere ich mich, dass ich Fülle bin, und löse die Illusion von Mangel bewusst auf.

Fragen:

o Was müsste ich denken, um etwas Neues zu erleben?

o Was wähle ich heute zu erleben?

o Welches Potenzial wähle ich heute zu entfalten?

o Welche Erlebnisse würden mein schlummerndes Potenzial wecken?

Antworten:

Morgens: Die Meditations-CD einlegen, den idealen Tag voraussehen, alle Blockaden dazu transformieren und das ideale Ergebnis integrieren

Tagsüber: Sich den Leitsatz immer wieder bewusst machen und so oft wie nötig und möglich alle akuten Emotionen, begrenzenden Gedanken und negativen Situationen auflösen

Abends: Tagesauswertung – den Tag Revue passieren lassen und nachträglich alle blockierten Energien des Tages auflösen sowie Höhepunkte und Erfolge notieren

Notizen:

Abschließend die Meditations-CD einlegen, in den Theta-Zustand übergehen und Dankbarkeit für die Erfolge und schönen Erlebnisse empfinden

22. Tag

Leitgedanke des Tages:

Ich bin reiner Geist.

Erläuterung:

Wenn ich reiner Geist bin, dann ist die Welt, die ich dort draußen scheinbar wahrnehme, nichts weiter als eine Wolke aus projizierter Energie. Ein Film, mit dem ich mich meistens identifiziere, außer wenn ich mich erinnere, dass ich reiner Geist bin. In solchen Augenblicken kann ich diesen Film mit Abstand und Humor betrachten. Das ist meine Absicht für heute.

Fragen:

o Was müsste ich denken, um etwas Neues zu erleben?

o Was wähle ich heute zu erleben?

o Welches Potenzial wähle ich heute zu entfalten?

o Welche Erlebnisse würden mein schlummerndes Potenzial wecken?

Antworten:

Morgens: Die Meditations-CD einlegen, den idealen Tag voraussehen, alle Blockaden dazu transformieren und das ideale Ergebnis integrieren

Tagsüber: Sich den Leitsatz immer wieder bewusst machen und so oft wie nötig und möglich alle akuten Emotionen, begrenzenden Gedanken und negativen Situationen auflösen

Abends: Tagesauswertung – den Tag Revue passieren lassen und nachträglich alle blockierten Energien des Tages auflösen sowie Höhepunkte und Erfolge notieren

Notizen:

Abschließend die Meditations-CD einlegen, in den Theta-Zustand übergehen und Dankbarkeit für die Erfolge und schönen Erlebnisse empfinden

23. Tag

Leitgedanke des Tages:

Ich bin Licht.

Erläuterung:

Reiner Geist dehnt sich in einem fort als Licht aus. Dabei gibt es weder Zeit noch Raum, sondern nur allumfassendes Einssein in ekstatischer Liebe. Dieses Licht der Wahrheit strahlt durch mein Herz in die Welt und lässt die Schatten der Illusion weichen.

Fragen:

o Was müsste ich denken, um etwas Neues zu erleben?

o Was wähle ich heute zu erleben?

o Welches Potenzial wähle ich heute zu entfalten?

o Welche Erlebnisse würden mein schlummerndes Potenzial wecken?

Antworten:

Morgens: Die Meditations-CD einlegen, den idealen Tag voraussehen, alle Blockaden dazu transformieren und das ideale Ergebnis integrieren

Tagsüber: Sich den Leitsatz immer wieder bewusst machen und so oft wie nötig und möglich alle akuten Emotionen, begrenzenden Gedanken und negativen Situationen auflösen

Abends: Tagesauswertung – den Tag Revue passieren lassen und nachträglich alle blockierten Energien des Tages auflösen sowie Höhepunkte und Erfolge notieren

Notizen:

Abschließend die Meditations-CD einlegen, in den Theta-Zustand übergehen und Dankbarkeit für die Erfolge und schönen Erlebnisse empfinden

24. Tag

Leitgedanke des Tages:

Ich wähle heute, glücklich zu sein.

Erläuterung:

Heute ist mir klar, dass ich mein Leben so erfahre, wie ich es mir gewählt habe. Immer wenn ich mich für die Wahrheit anstelle der Illusion entscheide, wähle ich das Glück. Echtes Glück, das in mir entspringt und unabhängig von äußeren Umständen ist und nur darauf wartet, von mir erlebt zu werden.

Fragen:

o Was müsste ich denken, um etwas Neues zu erleben?

o Was wähle ich heute zu erleben?

o Welches Potenzial wähle ich heute zu entfalten?

o Welche Erlebnisse würden mein schlummerndes Potenzial wecken?

Antworten:

Morgens: Die Meditations-CD einlegen, den idealen Tag voraussehen, alle Blockaden dazu transformieren und das ideale Ergebnis integrieren

Tagsüber: Sich den Leitsatz immer wieder bewusst machen und so oft wie nötig und möglich alle akuten Emotionen, begrenzenden Gedanken und negativen Situationen auflösen

Abends: Tagesauswertung – den Tag Revue passieren lassen und nachträglich alle blockierten Energien des Tages auflösen sowie Höhepunkte und Erfolge notieren

Notizen:

Abschließend die Meditations-CD einlegen, in den Theta-Zustand übergehen und Dankbarkeit für die Erfolge und schönen Erlebnisse empfinden

25. Tag

Leitgedanke des Tages:

Ich wähle heute, friedvoll zu sein.

Erläuterung:

Echter Frieden kommt aus der Verbundenheit mit der Quelle. Die Quelle meines Seins kann ich fühlen, wenn ich mich nicht vom Ego ablenken lasse, und das ist eine Frage der Aufmerksamkeit. Mein Geist kann immer nur einer Sache gewahr sein: entweder der Illusion von Trennung oder dem Einssein. Heute wähle ich, so oft wie möglich mein Einssein wahrzunehmen und den Frieden zu spüren, der damit einhergeht.

Fragen:

o Was müsste ich denken, um etwas Neues zu erleben?
o Was wähle ich heute zu erleben?
o Welches Potenzial wähle ich heute zu entfalten?
o Welche Erlebnisse würden mein schlummerndes Potenzial wecken?

Antworten:

Morgens: Die Meditations-CD einlegen, den idealen Tag voraussehen, alle Blockaden dazu transformieren und das ideale Ergebnis integrieren

Tagsüber: Sich den Leitsatz immer wieder bewusst machen und so oft wie nötig und möglich alle akuten Emotionen, begrenzenden Gedanken und negativen Situationen auflösen

Abends: Tagesauswertung – den Tag Revue passieren lassen und nachträglich alle blockierten Energien des Tages auflösen sowie Höhepunkte und Erfolge notieren

Notizen:

Abschließend die Meditations-CD einlegen, in den Theta-Zustand übergehen und Dankbarkeit für die Erfolge und schönen Erlebnisse empfinden

26. Tag

Leitgedanke des Tages:

Ich wähle heute, in Fülle zu sein.

Erläuterung:

Was für den Frieden gilt, ist für die Fülle ebenso wahr. Indem ich mich so oft wie möglich daran erinnere, meine Verbundenheit mit der Quelle zu fühlen, stärke ich ganz einfach mein Füllebewusstsein. Ich wähle die Fülle, die ich bin, auch zu fühlen, auch auszustrahlen, auch zu empfangen und zu leben!

Fragen:

o Was müsste ich denken, um etwas Neues zu erleben?

o Was wähle ich heute zu erleben?

o Welches Potenzial wähle ich heute zu entfalten?

o Welche Erlebnisse würden mein schlummerndes Potenzial wecken?

Antworten:

Morgens: Die Meditations-CD einlegen, den idealen Tag voraussehen, alle Blockaden dazu transformieren und das ideale Ergebnis integrieren

Tagsüber: Sich den Leitsatz immer wieder bewusst machen und so oft wie nötig und möglich alle akuten Emotionen, begrenzenden Gedanken und negativen Situationen auflösen

Abends: Tagesauswertung – den Tag Revue passieren lassen und nachträglich alle blockierten Energien des Tages auflösen sowie Höhepunkte und Erfolge notieren

Notizen:

Abschließend die Meditations-CD einlegen, in den Theta-Zustand übergehen und Dankbarkeit für die Erfolge und schönen Erlebnisse empfinden

27. Tag

Leitgedanke des Tages:

Ich wähle heute, meine Bestimmung zu leben.

Erläuterung:

Meine letztendliche Bestimmung ist es, aus diesem Traum aufzuwachen und mein wahres Sein wieder zu erkennen. Meine Auferstehung ist mein Wiedererwachen. Deshalb füge ich mich dem Willen der Quelle, da es auch mein Wille ist und lasse mich auf meinem Weg heute führen.

Fragen:

o Was müsste ich denken, um etwas Neues zu erleben?

o Was wähle ich heute zu erleben?

o Welches Potenzial wähle ich heute zu entfalten?

o Welche Erlebnisse würden mein schlummerndes Potenzial wecken?

Antworten:

Morgens: Die Meditations-CD einlegen, den idealen Tag voraussehen, alle Blockaden dazu transformieren und das ideale Ergebnis integrieren

Tagsüber: Sich den Leitsatz immer wieder bewusst machen und so oft wie nötig und möglich alle akuten Emotionen, begrenzenden Gedanken und negativen Situationen auflösen

Abends: Tagesauswertung – den Tag Revue passieren lassen und nachträglich alle blockierten Energien des Tages auflösen sowie Höhepunkte und Erfolge notieren

Notizen:

Abschließend die Meditations-CD einlegen, in den Theta-Zustand übergehen und Dankbarkeit für die Erfolge und schönen Erlebnisse empfinden

28. Tag

Leitgedanke des Tages:

Ich lasse alle Investitionen in diese Welt los.

Erläuterung:

Wann immer ich von dieser Scheinwelt erwarte, dass sie mir Glück, Frieden, Sicherheit oder Erfüllung bescheren soll, habe ich auf Sand gebaut. Heute wähle ich, achtsam zu sein. Und immer wenn ich mich dabei ertappe, dass ich von der Welt etwas herbeiwünsche, löse ich diese Erwartung auf. Denn nur darin liegt meine Freiheit und Freude. Ich bin in dieser Welt, aber nicht von ihr.

Fragen:

o Was müsste ich denken, um etwas Neues zu erleben?
o Was wähle ich heute zu erleben?
o Welches Potenzial wähle ich heute zu entfalten?
o Welche Erlebnisse würden mein schlummerndes Potenzial wecken?

Antworten:

Morgens: Die Meditations-CD einlegen, den idealen Tag voraussehen, alle Blockaden dazu transformieren und das ideale Ergebnis integrieren

Tagsüber: Sich den Leitsatz immer wieder bewusst machen und so oft wie nötig und möglich alle akuten Emotionen, begrenzenden Gedanken und negativen Situationen auflösen

Abends: Tagesauswertung – den Tag Revue passieren lassen und nachträglich alle blockierten Energien des Tages auflösen sowie Höhepunkte und Erfolge notieren

Notizen:

Abschließend die Meditations-CD einlegen, in den Theta-Zustand übergehen und Dankbarkeit für die Erfolge und schönen Erlebnisse empfinden

29. Tag

Leitgedanke des Tages:

Ich erkenne die Welt als das, was sie ist.

Erläuterung:

Die Welt ist ein Ergebnis fehlgeleiteten Denkens und kann nur solange Bestand haben, wie ich irrtümliches Denken aufrechterhalte. Deshalb sehe ich die Welt als Hinweis darauf, mein Denken zu ändern. Heute wähle ich, meine Aufmerksamkeit stets auf die Wahrheit des einen Seins zu richten.

Fragen:

o Was müsste ich denken, um etwas Neues zu erleben?

o Was wähle ich heute zu erleben?

o Welches Potenzial wähle ich heute zu entfalten?

o Welche Erlebnisse würden mein schlummerndes Potenzial wecken?

Antworten:

Morgens: Die Meditations-CD einlegen, den idealen Tag voraussehen, alle Blockaden dazu transformieren und das ideale Ergebnis integrieren

Tagsüber: Sich den Leitsatz immer wieder bewusst machen und so oft wie nötig und möglich alle akuten Emotionen, begrenzenden Gedanken und negativen Situationen auflösen

Abends: Tagesauswertung – den Tag Revue passieren lassen und nachträglich alle blockierten Energien des Tages auflösen sowie Höhepunkte und Erfolge notieren

Notizen:

Abschließend die Meditations-CD einlegen, in den Theta-Zustand übergehen und Dankbarkeit für die Erfolge und schönen Erlebnisse empfinden

30. Tag

Leitgedanke des Tages:

Ich bin.

Erläuterung:

Ich bin alles, was ist. Ich bin, was ich bin. Ich bin. Ich wähle heute, mich immer wieder daran zu erinnern. Vor allem, wenn mich das Ego mit einer falschen Identifikation blenden will, wie: „Ich bin mein Name, meine Nationalität, mein Beruf, mein Geschlecht, meine Eigenschaften ..." Ich bin alles, was ist – das ist alles. Ich bin.

Fragen:

o Was müsste ich denken, um etwas Neues zu erleben?

o Was wähle ich heute zu erleben?

o Welches Potenzial wähle ich heute zu entfalten?

o Welche Erlebnisse würden mein schlummerndes Potenzial wecken?

Antworten:

Morgens: Die Meditations-CD einlegen, den idealen Tag voraussehen, alle Blockaden dazu transformieren und das ideale Ergebnis integrieren

Tagsüber: Sich den Leitsatz immer wieder bewusst machen und so oft wie nötig und möglich alle akuten Emotionen, begrenzenden Gedanken und negativen Situationen auflösen

Abends: Tagesauswertung – den Tag Revue passieren lassen und nachträglich alle blockierten Energien des Tages auflösen sowie Höhepunkte und Erfolge notieren

Notizen:

Abschließend die Meditations-CD einlegen, in den Theta-Zustand übergehen und Dankbarkeit für die Erfolge und schönen Erlebnisse empfinden

Nachwort

Die nächsthöhere Ebene

Willkommen auf der nächsten Bewusstseinsebene! Wenn Sie dieses 30-Tage-Programm konsequent durchgehalten und soeben beendet haben, sind Sie jetzt mindestens einen Schritt weiter auf Ihrem Weg, vielleicht auch zwei oder drei. Oder Sie haben sogar einen Quantensprung gemacht und befinden sich nun auf der nächsten Stufe Ihrer Bewusstseinsentwicklung.

Ich gratuliere Ihnen. Sie gehören damit zu den Wegbereitern, den Menschen, denen ihre persönliche Entwicklung wichtiger ist als ihre Egoziele und die bereit sind, dafür auch wirklich an sich zu arbeiten.

Nur weiter so, denn von hier an wird es immer leichter, schneller und freudvoller! Machen Sie das, was Sie die letzten 30 Tage geübt haben, einfach weiter.

Steigen Sie in die darüberliegenden Bewusstseinsebenen noch einfacher auf und erleben Sie Beglückung, Frieden und Fülle, wie Sie es sich jetzt vielleicht noch gar nicht vorstellen können.

Alles ist möglich, denn es ist schon in Ihnen.

Gutes Gelingen und viel Freude auf Ihrem Weg.

Herzlichst
Ihr *Andrew Blake*

P.S.: Teilen Sie Ihre Erfahrungen mit anderen in meinem Internet-Forum und lassen Sie sich gegenseitig inspirieren.
www.qct-seminar.com//forum

Anhang

Über den Autor

Geboren 1967 als Deutsch-Kanadier in München, 1986 Abitur in Landshut. Seitdem bereiste Andrew Blake die Welt und sammelte seine Erfahrungsschätze zum einen in der spirituellen Welt, wie zum Beispiel bei den Geistheilern auf den Philippinen, in den Klöstern Tibets, Nepals und Indiens, auf Stargate-Seminaren, Mer-Ka-Ba-Workshops und Ki-Trainings, begleitet von intensiven Literaturstudien, diversen Seminaren und persönlichen Counselling-Sitzungen. Zum anderen waren die alltäglichen Erfahrungen in der Kommunikation von Mensch zu Mensch, als Ehemann und Vater, aber auch als Selbstständiger im Geschäftsleben das Labor, in dem die philosophischen und spirituellen Ansätze angewandt und auf ihre Praktizierbarkeit hin geprüft wurden.

Nur das, was auch gelebt werden kann, hat Wert und fand den Weg in Andrew Blakes Seminare und Bücher. Seine neueste Errungenschaft bei den erprobten Hilfsmitteln ist die Zwei-Punkt-Methode, die er nun in QCT–Seminaren (Quantum Consciousness Transformation) weitergibt. QCT ist die effektivste Methode zur Selbstfindung, die er bisher entdeckt hat.

Heute lebt Andrew Blake mit Frau und Töchtern in seiner Wahlheimat Neuseeland und genießt es, seine Bestimmung umzusetzen, unter anderem durch die Entwicklung von „Village Towns", ganzheitlichen Dörfern als globale Lebensform der Zukunft. Mehr Informationen finden Sie unter:

www.qct-seminar.com
www.villageforum.com

Seminare mit Andrew Blake

Die Seminarreihe QCT I bis III, die in den Jahren 2009 und 2010 in Deutschland und Österreich durchgeführt und in diesem Buch besprochen wurde, findet ab 2011 zusammengefasst als QCT Intensiv Seminar statt. Dort werden alle drei Ebenen, auf denen die Zwei-Punkt-Methode zur Anwendung kommt, gelehrt und eingeübt. Zur Vertiefung bietet sich das QCT-Retreat an, das auf QCT IV aufbaut und dieses noch ergänzt.

Die aktuellen Termine und weitere Informationen erfahren Sie auf der Website: *www.qct-seminar.com* oder telefonisch unter: +43(0)2272/20258

Das QCT-Fest

Das „Oneness Gathering" wird von Andrew Blake seit 2004 als alljährliches Fest der Lebensfreude veranstaltet. Seit 2010 ist die Zwei-Punkt-Methode in spielerischer Art und Weise im Einsatz, um unsere Lebensfreude wieder zu entdecken.

Das „Oneness Gathering" ist ein Fest des Lebens, der Freude und der Öffnung.

Bei dieser Zusammenkunft wollen wir unser wahres Selbst mit allen Sinnen feiern. Durch harmonisch aufeinander abgestimmte Musik, Tanz, Stimm- und Körperübungen sowie Meditationen und besondere Anwendungen der Zwei-Punkt-Methode wird der Raum für einen

Bewusstseinswandel geschaffen. So können wir die Illusion der Trennung loslassen und in die Freude und den Frieden der Einheit eintauchen.
Die aktuellen Termine und weitere Informationen erhalten Sie ebenfalls unter: *www.qct-seminar.com* oder telefonisch: +43(0)2272/20258

Heimstudienkurs über die Zwei-Punkt-Methode
Für alle, denen die Anleitung in diesem Buch nicht genügt, empfiehlt sich der Heimstudienkurs. Neben dem Kursbuch und der kompletten Meditations-CD sind darin mehrstündige Videos auf DVD enthalten, auf denen alle Anwendungen der Zwei-Punkt-Methode von QCT I bis III detailliert erklärt und vorgeführt werden. Diese DVDs wurden bei verschiedenen QCT-Kursen im Jahr 2010 aufgenommen und vermitteln auch sehr gut die Seminaratmosphäre.

Weitere Informationen finden Sie unter:
www.qct-seminar.com oder telefonisch:
+43(0)2272/20258

Village Town Projekt
In Neuseeland entsteht gerade das erste Village Town, als Pilotprojekt und Vorzeigemodell, um die Entstehung weiterer Village Towns weltweit zu inspirieren.
Dieses innovative Projekt verbindet althergebrachte Weisheit mit moderner Technologie und Lebensführung zu einem ganzheitlichen Konzept für ein gesundes, auf allen Ebenen reiches und vor allem glückliches Leben.

Nähere Details unter: *www.villageforum.com*

Meditations-CDs

QCT – Reise zur Quelle I
Seelenverbindung

Diese von Andrew Blake angeleitete Meditation, mit einer eigens dafür komponierten Musik von Christian Varkonyi, führt vom normalen Wachzustand über die Alpha- und Theta-Ebene bis zur Delta-Ebene unseres Bewusstseins. In dieser absoluten Tiefenentspannung, dem bewussten Erleben von Delta, haben wir Zugang zu einem wesentlich erweiterten Bewusstsein. Dieses Stadium der Gehirnwellenaktivität eignet sich ideal für kreative Arbeit, Heilung, Inspiration und Visionsfindung, Kraft tanken, zur Problemlösung und vor allem, um wieder unser wahres Sein zu erleben. Von der Delta-Ebene aus führt Andrew Blake den Zuhörer zum bewussten Kontakt mit der eigenen Seele, um zum Beispiel mehr Klarheit über die eigene Bestimmung zu erhalten. Von dort durchquert er das illusorische Universum, um sich wieder mit der Quelle allen Seins zu verbinden. Frieden, Freude und Verbundenheit mit allem Sein können so wieder erfahren und dann leichter in den Alltag integriert werden.

QCT – Reise zur Quelle II
Lichtkörperaktivierung

Zuerst leitet Andrew Blake den Zuhörer wieder auf die Delta-Ebene. Anschließend erschafft er dort den idealen Lichtkörper und verankert ihn in den physischen Körper. Auf diese Weise programmieren wir unsere Zellen sowie den Emotional- und Mentalkörper neu, um in Einklang mit der eigenen Bestimmung unser größtes Potenzial zu entfalten. Dies dient vor allem der Aktivierung unserer Fähigkeiten zu einer aktiven Realitätsgestaltung im Alltag. Abschließend führt Andrew Blake in die Verschmelzung mit dem Licht der Quelle und damit ins Erleben unserer natürlichen Freude und Verbundenheit.

Hörproben und weitere Informationen finden Sie unter:

www.qct-seminar.com

oder telefonisch: +43(0)2272/20258

Weitere Bücher des Autors

Im Januar erscheint eine Neuauflage des Romans von Andrew Blake

2012 – Der Wendepunkt ...
... zu einer neuen Ära menschlichen Bewusstseins im 21. Jahrhundert

Roman, Books on Demand, Norderstedt, 2008
Das viel besprochene Jahr 2012 – bringt es Untergang, Aufstieg oder Neubeginn?

Diese Geschichte erforscht die spirituellen und kosmischen Hintergründe, die dem Jahr 2012 seine Bedeutung verliehen. Sie folgt dem großen Plan zur Wiederherstellung des Christusgitternetzes über die Jahrtausende anhand der vielfältigen Inkarnationen von John Bridges, dem Helden dieses Romans.

So wie John tiefer und tiefer in die Mysterien von Raum und Zeit, Ursache und Wirkung, Gut und Böse, Macht und Freiheit, Angst und Liebe eintaucht, umso mehr stellen sich dem Leser folgende Fragen: Warum bin ich hier? Was ist meine Bestimmung in diesem Leben? Welchen Teil des Plans habe ich zu erfüllen?

Außerdem zeigt der Roman eine praktische Perspektive, wie wir Menschen im 21. Jahrhundert unser Leben und unseren Lebensraum bewusst gestalten können. Das Buch liefert dem Leser praktisch umsetzbare Denkanstöße für ein Leben in Freiheit und Freude.

QCT – Mit Freude unser ganzes Potenzial leben
(erscheint 2011)

Andrew Blake erforscht gerade die unbegrenzten Möglichkeiten, die QCT und die Zwei-Punkt-Methode bieten, um unser menschliches Potenzial freizulegen. Anhand konkreter Projekte, die Andrew Blake selbst durchlebt und detailliert aufzeichnet, zeigt er, dass Grenzen wirklich nur in unseren Köpfen bestehen. Wir Menschen sind zu wesentlich größeren Leistungen im körperlichen, mentalen und spirituellen Bereich fähig und können unsere jeweilige Bestimmung mit Kraft, Freude und Leichtigkeit leben. Dieses Buch demonstriert, wie Sie dies konkret umsetzen können.

Buchempfehlungen

Diese und weitere Bücher sowie andere Hilfsmittel habe ich auf meiner Website im Servicebereich unter Empfehlungen aufgelistet und erklärt: *www.qct-seminar.com*

Nachfolgend eine Auswahl:

Gary Renard: *Die Illusion des Universums: Gespräche mit Meistern über Religion, Reinkarnation und das Wunder der Vergebung*, Goldmann Verlag, München, 2006

Ein Kurs in Wundern, Greuthof Verlag, Freiburg i. Br., 2008

Drunvalo Melchizedek: *Die Blume des Lebens; Aus dem Herzen leben*, Koha-Verlag, Burgrain, 2000/2004

Daniel Odier: *Tantra – Eintauchen in die absolute Liebe*, Aquamarin Verlag, Grafing, 2003

Eckhart Tolle: *Jetzt! Die Kraft der Gegenwart: Ein Leitfaden zum spirituellen Erwachen*, J. Kamphausen Verlag, 2000

Byron Katie: *Lieben was ist: Wie vier Fragen Ihr Leben verändern können*, Goldmann-Verlag, München, 2002

Gregg Braden: *Fractal Time*, Koha-Verlag, Burgrain, 2009

Bruce Lipton: *Intelligente Zellen*, Koha-Verlag, Burgrain, 2006

Dr. Richard Bartlett: *Die Physik der Wunder*, VAK-Verlag, Kirchzarten b. Freib., 2010

Dr. Frank Kinslow: *Quantenheilung erleben*, VAK-Verlag, Kirchzarten b. Freib., 2010

Notizen: